朱首彦讲

《史记》

大人物卷

朱首彦 / 著

时代出版传媒股份有限公司
安徽少年儿童出版社

图书在版编目（CIP）数据

朱首彦讲《史记》. 大人物卷 / 朱首彦著. — 合肥：安徽少年儿童出版社，2021.10（2024.1重印）
ISBN 978-7-5707-1184-0

Ⅰ. ①朱… Ⅱ. ①朱… Ⅲ. ①《史记》–青少年读物
Ⅳ. ①K204.2-49

中国版本图书馆CIP数据核字（2021）第176055号

ZHU SHOUYAN JIANG SHIJI DARENWU JUAN
朱首彦讲《史记》· 大人物卷

朱首彦 / 著

出 版 人：李玲玲　　策划统筹：张春艳　何正国　　责任编辑：张春艳
责任校对：徐庆华　　责任印制：郭　玲　　装帧设计：乐读文化
插图绘制：钟　健
出版发行：安徽少年儿童出版社　E-mail:ahse1984@163.com
新浪官方微博：http://weibo.com/ahsecbs
（安徽省合肥市翡翠路1118号出版传媒广场　邮政编码：230071）
出版部电话：（0551）63533536（办公室）　63533533（传真）
（如发现印装质量问题，影响阅读，请与本社出版部联系调换）
印　　制：阳谷毕升印务有限公司
开　　本：710 mm × 1010 mm　1/16　印张：11　字数：150千字
版　　次：2021年10月第1版　2024年1月第3次印刷

ISBN 978-7-5707-1184-0　　定价：48.80元

序　言

学文之人不能不看《诗经》《楚辞》，学史之人则必读《史记》《春秋》。《史记》自问世2100多年来，不知有多少学子为其倾倒。根据不完全统计，研究《史记》的论著在4000篇（部）以上，面对如此丰硕的研究成果，开拓新的领域已然成为时代赋予我们的责任。安徽少年儿童出版社推出的“朱首彦讲《史记》”系列以新的视角，为中小学生奉上一份优质的课外读物，同步素质教育，彰显文化自信，可圈可点，值得一读。在新书出版之际，请我作序，深感荣幸，拜读再三，序略如下：

本套书共4册，分别为《朱首彦讲〈史记〉·大事件卷》《朱首彦讲〈史记〉·大人物卷》《朱首彦讲〈史记〉·大战场卷》和《朱首彦讲〈史记〉·大智慧卷》，共60余万字。

《史记》成书于西汉武帝时期，作者是今陕西韩城人司马迁。《史记》是中国历史上第一部纪传体通史，从黄帝开始到汉武帝结束。《史记》分为本纪、世家、列传、表和书五体，共130篇，52.65万字。与左丘明等史家不同的是，司马迁一改《春秋》记史的行文传统，以生动、洗练的文字，极大地丰富了《史记》的文学成分，使其成为跨越时空的巨著。司马迁体大义精的创作构建，把对历史的撰述从一个狭小的范围引向广阔的社会空间，该系列图书正是把握此核心点并予以发扬延

伸，每册书突出一个主题，依据《史记》记载的时代先后排序，以相对独立又相互联系的历史故事构成，围绕错综复杂的人物关系和发生过的真实事件，采用浅显易懂的文字表述，结合时代新元素和手绘图画，以符合今天少年儿童的阅读习惯。

《朱首彦讲〈史记〉·大事件卷》，内容从西周末年开始，列举幽王亡西周、齐桓公尊王攘夷、楚武王城下之盟、骊姬乱晋、吴越争霸、三家分晋、秦晋之好、合纵连横、荆轲刺秦王、沙丘之变等18个重大的历史事件，讲述了六百余年里跌宕起伏的历史进程，为少儿读者展示了风云际会、波澜壮阔的一段重要历史。

说到中国历史大事件，“鸿门宴”是绕不过的。“鸿门宴”的主人公是项羽和刘邦，陪客是范增、项伯、项庄、张良、樊哙。“鸿门宴”级别不算太高，规模也不是很大，却关系着新生政权的诞生与大一统帝制的延续和发展。项羽主张恢复六国状态，刘邦没有政治资本，只能继续中央集权制，鹿死谁手尚不明确。项羽的妇人之仁和刘邦的老道练达形成鲜明的对比。“鸿门宴”后陈平、韩信弃项归刘，成为建立西汉王朝的核心人物。作者从“鸿门宴”一直讲到刘邦诛杀功臣，一气呵成，颇有心得。

《朱首彦讲〈史记〉·大人物卷》，作者选材很有特色，例如：与母亲“黄泉”相见的郑庄公、食古不化的宋襄公、讳疾忌医的齐桓公、三让高位的赵衰和颇有争议的儿子赵盾、自食其果的战神白起、睚眦必报的范雎、窃符救赵的信陵君、一字千金的吕不韦、死到临头才顿悟的李斯、首鼠两端的韩王信、壮士田横、侠士郭解、霸王项羽、重厚少文的周勃和他的儿子周亚夫、淮南王刘安、不可一世的窦太后以及酷吏张汤等。由于上述人物所处的政治环境、社会地位和生活圈大不相同，故为人处世迥然有别，可谓个个性格鲜明，此书的描述让他们活灵活现，跃然纸上。讳疾忌医至今仍有不可替代的警示意义。而西楚霸王项羽的故事历来是见仁见智，褒贬不一。

《朱首彦讲〈史记〉·大战场卷》主要向中小学生介绍《史记》中记载的重要战争，从灭纣兴周的牧野之战开始，讲述姜太公钓周文王、晋楚争霸与城濮之战、围魏救赵与马陵之战、乐毅伐齐与火牛阵、长平之战……到汉武帝征伐匈奴为止。《史记》一书描写战争的内容超过80篇，仅记载的春秋时期的战争就达400余次，所以孟子称“春秋无义战”。

战争与和平贯穿于迄今为止的人类历史，且延绵不绝。中国古代战争频发，大大小小的战争不计其数。《孙子兵法·始计篇》第一句就开宗明义，强调“兵者，国之大事，死生之地，存亡之道，不可不察也”。我们反对不义之战，但是，由战争催生的军事科学，以及卓有建树的军事理论家，并不影响我们对其进行研究。

在《朱首彦讲〈史记〉·大智慧卷》中，作者列举了管鲍之交、重耳出走、五羖大夫、陶朱公范蠡、鸡鸣狗盗、将相和、毛遂自荐、萧何月下追韩信、叔孙通制礼、张骞通西域等人们熟知的历史典故。

智慧是人类特有的禀赋，然而，智慧大小与地位高低、富贵贫贱无甚联系，冯谖火烧债契是智慧，鸡鸣狗盗何尝不是？范蠡畏惧兔死狗烹、避祸营商是智慧，张骞勇开丝路先河难道不是智慧？还有不显山不露水的小人物牛贩子弦高，在国君郑文公姬踕去世，秦军千里偷袭郑国的关键时刻，用打算贩卖到东周的12头牛作为牺牲品，冒充郑国的使臣并以劳军的方式面见秦军首领孟明视等三位将军，言语之间巧妙地告诉秦军郑国已经做好了战争防御，迫使秦军不得不放弃袭击郑国的军事行动，将一场危机化险为夷，解救了命悬一线的郑国，毫无疑问也是千古绝唱的大智慧。

人是历史的主体，推动着社会向前发展。历史是对过去的记录，重温历史故事，唤起后人的记忆，目的是教育世人、启迪后人。《史记》之所以引人入胜，就在于细节之中显现道理、精彩之间散发哲理。历史上具有大智慧的人不在少数，而蔺相如堪称佼佼者。蔺相如的大智慧一方面体现在渑池会上一腔热血、不畏强秦，“完璧归赵”；另一方面体现在为了维护国家利益，他可以荣辱不惊地礼让老将廉颇。一出“将相和”则成为弘扬中华美德的典范。

历史也有故事。对于大多数少年儿童而言，通过故事了解历史更容易接受。讲《史记》首先要还原《史记》本体所载述的历史场景，其次才是阐发真实故事和哲学寓意，而不是随意去编造与戏说。值得一提的是，书中有关“田忌赛马”的内容颇具新意。该部分内容以“规则破坏者”为标题，赛马的规则是同等量级进行比赛，以区分高下，直到今天依然是全世界都在遵循的法则。但是，孙膑用不对等的手段赢得了胜利，他成为不少人争相效仿的智慧代表，包括司马迁在内。现在看来，在法制健全的社会，遵守游戏规则是平等竞争的前提，如果都不遵守规则而选择投机取巧、唯利是图，后果将不堪设想。因为《史记》毕竟是两千多年前的史籍，若将当时的环境放到现在，难免不合适。对此,针对中小学生这一特殊的读者群体,更应该通过正确引导,让他们遵守规则。

我一直认为,一个物化了的东西优劣得当与否,关键在于这东西能否打动人,能否深入人的心灵。安徽少年儿童出版社出版的“朱首彦讲《史记》”系列,作为新时代中小学生读物,旨在培养小读者对中国传统文化的兴趣,其赋能所在,值得阅读。

以上数语,勉为书序。

徐日辉

2021 年 1 月 20 日 于浙江工商大学

(本文作者系浙江工商大学人文学院教授、硕士生导师,中国《史记》研究会副会长,中央电视台《百家讲坛》主讲人)

欢迎来到你的随身文史博物馆

微信扫描并关注下方二维码，走进你的随身文史博物馆

在这里，你可以学习趣味国学文化知识，参加历史知识竞赛，票选历史风云人物，畅谈读书心得。

国学大讲堂 讲解形象生动，内容活泼有趣，着力拓展读者的文史视野。

史实竞赛王 掌握历史知识，参加知识竞赛，强化读者的理解与记忆。

人物风云榜 横览人物生平，纵观千年历史，等你票选真正的人气王！

历史面面谈 记录读书心得，交流感想体会，在互动中不断提升自己。

延伸阅读单 增加历史积累，提升文化自信，在阅读中丰富人生阅历。

目录

都是溺爱惹的祸

溺爱幼子的母亲很多，她们的偏心往往会引发家庭纠纷。太后也是当妈的，太后一偏心，引发的可能就不只是家庭纠纷，而是朝廷纷乱了。

太后偏心

中国国君申侯的女儿姜氏嫁给了郑国国君郑武公，于是史书上称她为“武姜”。武姜先后生了两个儿子，但是对待他们的态度差别很大。生头胎时，孩子的脚先出来，武姜费了很大劲儿才完成生产。武姜受了大罪，于是对这个孩子非常厌恶，给他起名儿叫寤生。“寤”在古义里有“逆”的意思，寤生就是逆生，即难产。

三年后，武姜生第二个孩子时非常顺利，所以她很喜爱小儿子，给他起名儿叫段。“段”在古代同“缎”和“锻”。通过名字，我们就能看出武姜对两个孩子的不同态度。

十年后，郑武公病逝。临终前，武姜请求改立段为太子，遵守

本文内容参考《史记 · 郑世家》《史记 · 梁孝王世家》。

嫡长子继承制的郑武公没有答应。于是寤生继位，史称郑庄公。

既然没有替段争到王位，武姜便向郑庄公提出，把居于交通要冲的制地（今河南荥阳西北）封给段。虽然当时只有十五岁，但是聪明的郑庄公看穿了母亲的心思，找了个理由拒绝了："制地凶险，当年周文王的弟弟虢（guó）叔就死在那里。给弟弟换个封地吧。"

于是武姜挑了更大的京邑（今河南荥阳东南），郑庄公同意了。随后段就前往封地。因为郑庄公弟弟的特殊身份，大家都称他"京城太叔"（太，在古文里同"大"，太叔就是大叔，指国君的弟弟，不是我们现在说的"叔叔"的意思）。

按照周礼，贵族的封邑最大不能超过都城的三分之一，而京邑的规模已经超过了国都，于是大臣祭（zhài）仲强烈反对："京邑

文化小常识

嫡长子继承制

这是中国古代一夫一妻多妾制下的继承原则。所谓嫡，宗法制度下指家庭的正支（跟"庶"相对）。嫡长子就是正妻所生的长子。作为古代宗法制最基本的一条原则，嫡长子继承制规定，王位、财产必须由嫡长子继承。就是"立嫡以长不以贤，立子以贵不以长"。初期，这一制度在一定程度上避免了继承中的矛盾冲突，维护了王权威严和社会稳定，但是立嫡和立长都放弃了对继承人在才、德方面的要求，弊端显而易见，所以随着时代的发展，这种制度最终被淘汰。

不可以封给您的弟弟。”

只听郑庄公淡淡地说:“武姜要这样,我不敢反对啊。”古人讲究礼数,子女不会直呼父母的姓名,更何况郑庄公这样的大人物。但是郑庄公回复祭仲时直接叫了母亲的名字,愤恨、不屑之情溢于言表。

祭仲也看出了太后和叔段的野心,再进言:“太后哪有满足的时候?不如尽早给太叔换个封邑。将来一旦他的势力滋生蔓延,就无法控制了。”

郑庄公仍旧很平静,说出了那句后来广为人知的名言:“多行不义必自毙。”成竹在胸的他让祭仲静观其变。

哥哥的局,弟弟的坑

郑庄公的听之任之使得叔段的野心日益膨胀。经过二十几年处心积虑的经营,叔段的势力范围扩张到黄河边的廪(lǐn)延(今河南延津东北),再加上郑国西北的两个边邑,叔段差不多控制了郑国的半壁江山。大臣们不断进言示警,郑庄公依旧淡定地说:“对君主不义,对兄长不亲,即便封地扩大了,迟早也会垮台。”

此时,叔段在大本营京邑整顿军备,准备偷袭国都——那里还有武姜替他做内应。

母子二人的阴谋完全在郑庄公的监视之下。得知叔段起兵的确切日期后,郑庄公率先命令军队攻打京邑,当地百姓并不支持叔段的反叛行为，纷纷倒向郑庄公一边。叔段战败，逃往鄢（今河南鄢陵北）。郑庄公的军队乘胜追击，再败叔段。叔段不得不穿越国境，逃往共（gōng）国（今河南辉县）。

有趣的是，卫国国君卫桓公也有一个不争气的弟弟州吁。州吁骄横奢侈，被哥哥罢免了职务，只好四处流亡。当叔段逃到共国时，州吁主动联系叔段，要跟他做朋友。

三年后，州吁联合反政府力量弑兄，自立为君。好战的他还联合宋国、陈国和蔡国，要为叔段出气，四国军队围攻郑国都城。当然，这场闹剧只折腾了五天，四国军队就各回各家了。

后来，叔段一直没离开共国，所以人们习惯称他“共叔段”。

掘地见母

叔段逃走了，武姜还在国都。兄弟反目，郑庄公与母亲之间的矛盾也已公开化，他将母亲迁到城颍（今河南襄城东北），并丢下一句狠话：“不及黄泉（古代指人死后埋葬的地方，也指阴间），无相见也。”这句话翻译过来就是，咱们母子今生甭想见面了，死后在地下再见吧。

面对弟弟的背叛，联想几十年来母亲对自己的种种冷遇，郑庄公盛怒之下发毒誓很正常。但他们毕竟是母子，一年多之后，郑庄公觉得自己对母亲做得有些过分，后悔了。可他是金口玉言，怎样挽回这个局面呢?

恰好颍谷的地方官颍考叔来向庄公献礼，庄公赐宴。厨师奉上烤羊，郑庄公赐给颍考叔一只羊腿。接过羊腿，颍考叔专拣好肉割下来包好，藏到袖内。郑庄公觉得奇怪。颍考叔解释，幼年家贫，没吃过好东西，现在遇到美食，都想带给母亲尝一尝。

郑庄公感慨地说:“你有母亲可以孝敬，唯独我没有。”接着，郑庄公告诉他其中的缘故，并且讲出自己的悔意。

颍考叔想了想，说:“这个不难。若掘地见泉，在隧道里相见，谁能有非议?”

郑庄公大喜，命人依照颍考叔的办法，开凿一条隧道。母子终于在隧道相见。回想这些年的恩怨，他们感慨颇多。郑庄公说

道:“大隧之中,其乐也融融!”武姜回复:“大隧之外,其乐也泄泄!”母子之间多年的恩怨至此化解。

梁王受宠

汉景帝的母亲窦太后也极度溺爱孩子。

窦太后生了两个儿子,长子刘启就是后来的汉景帝,幼子是梁王刘武。窦太后最喜欢刘武。

汉朝制度规定,诸侯王入京朝见天子一般十多年一次,每次居留都城不超过二十天。而梁王刘武因为母亲宠爱得以连年入朝见驾,而且一待就是一年。公元前157年,汉文帝驾崩,太子刘启继位。当时汉景帝还未立太子,他与母亲窦太后、弟弟刘武喝酒时,随口对梁王说:“将来朕千秋万岁之后,传位给你。”太后闻言大喜,她的侄儿、魏其侯窦婴跪倒进谏:“大汉的法制规定,帝位传给长子、长孙,皇上怎么能传帝位给弟弟,违背高皇帝的规定呢?”汉景帝不语,太后更是不爽。

公元前154年,吴楚七国之乱爆发。梁王刘武据守睢阳(今河南商丘),牢牢挡住了叛军西进的步伐。

次年,汉景帝立宠妃栗姬之子刘荣为太子。梁王刘武平定吴楚七国之乱有功,获封大片肥沃的土地,拥有封地四十余城。刘武开始大兴土木,建造宫殿。他日常出行随从千乘万骑,俨然一副天子排场。更要命的是，刘武还招揽四方豪杰，铸造兵器。作为一个诸侯国，梁国的弓箭、戈矛等兵器有数十万件，府库的金钱近万亿，珠玉、宝器则比京城的还多。

三年后，刘武入京觐见皇帝哥哥。他不仅再次居留长安，并且入宫陪侍汉景帝同乘步辇，出宫则同车游猎。

这时，栗姬失宠，太子刘荣被废。窦太后觉得机会来了，当着刘武的面对汉景帝说："我听说商朝的制度亲其兄弟，周朝的制度尊其祖先，其实道理一样，我就把你弟弟托付给你了。"她这是话里有话。商朝王族讲求兄终弟及，周朝王族讲求父死子继，举这两个例子，还说道理一样，窦太后是在暗示皇帝，未来要将皇位传给刘武。汉景帝是个孝子，对窦太后点头称是。事后，大臣袁盎等人又竭力劝阻。刘武没等到好消息，于是辞朝回归封国。

雇凶杀人

转过年来，汉景帝立胶东王刘彻为太子，刘武做储君的希望再次破灭，他对袁盎这些大臣充满怨恨，竟然暗中派人刺杀袁盎。

不是所有人都跟刘武一样穷凶极恶。刺客来到关中，发现袁盎的官声极好，良心未泯的他放弃刺杀，并面见袁盎，提醒他小心戒备刺客。但袁盎在明处，终究没躲过后续刺客的刺杀。

聪明的汉景帝怀疑刺杀事件与弟弟刘武有关。捕获凶手一审问，果然是梁王主使。于是朝廷派人抓捕梁王集团的核心人员。面对朝廷的高压态势，刘武只得丢车保帅，命几个在朝廷的心腹自杀，之后把他们的尸体上交。关键时刻，还是母亲窦太后和姐姐长公主刘嫖（piāo）向汉景帝求情，说刘武是受坏人鼓动，才犯了错误。汉景帝考虑到刘武这次只刺杀了袁盎，没有造成其他损失，于是宽恕了他。

刘武进京请罪，但是害怕直接被杀，于是进函谷关后便轻车简从躲到长公主府里了。朝廷迎接梁王的使者扑了个空，只看见车马仪仗，却找不到他。

窦太后没见到宝贝儿子，以为他被皇帝杀了，号啕痛哭："皇上杀了我的儿子！"丈二和尚摸不着头脑的汉景帝被太后这么一闹，更加紧张。这时，刘武背着刑具俯伏在宫门外，自请处罚。见到刘武安然无恙，母亲、哥哥都长舒一口气，一家人相对而泣。虽然这次纠纷过去了，但是兄弟俩的感情再也回不到当初，刘武再也没有和哥哥同乘车辇的机会了。

五年后，刘武再次入京朝见汉景帝，请求留住京师，汉景帝没有答应。回到封国后，刘武闷闷不乐，半年后病死了。

脑洞大开

每一个无法无天的孩子身后都有溺爱其的家长。武姜太后和窦太后对幼子的溺爱导致共叔段和梁王刘武恃宠而骄。

刘武发展到雇凶刺杀朝廷命官，共叔段则干脆进行武装叛乱。

武姜对长子寤生没什么感情，对幼子段又过度疼爱，所以在兄弟之争中她完全站在了段这边，根本没把寤生当作自己的孩子。都说郑庄公设局逼走弟弟过于冷血，其实最要为这一悲剧负责的是武姜。她用偏执的母爱让两个孩子一个忘恩，一个负义，更让我们看到残酷权力斗争的背后是亲情的彻底丧失。

《史记·梁孝王世家》引用了一句民间俗语：骄子不孝。这是对段和刘武最好的点评。王子王孙一大群，别人都没有犯上作乱，唯独段和刘武如此嚣张，就是因为母亲对他们的娇惯纵容。

刘武病故的消息传到京城，窦太后不吃不喝，在那里号啕痛哭："皇上杀了我的儿子！"她没有意识到自己和刘武的错，还要把罪责推给汉景帝。面对母亲的哭闹，汉景帝没了主意，找来姐姐长公主商议，最后只好将梁国一分为五，把刘武的五个儿子全部封王，分管梁国，连他的五个女儿也给了封赏。窦太后这才破涕为笑。在溺爱的路上，这位老太太是要一条道跑到黑了。

成语典故

多行不义必自毙：指不义的事干多了，必然会自取灭亡。毙，仆倒。

其乐融融：形容十分快乐、和睦的样子。融融，和谐快乐的样子。

宋襄公：这个霸主很可怜

与板上钉钉的战国七雄不同，春秋五霸的人选一直众说纷纭。目前史书中能看到的版本至少有七个：

齐桓公、晋文公、秦穆公、楚庄王、宋襄公(《史记索隐》)；

齐桓公、晋文公、秦穆公、楚庄王、郑庄公(《辞通》)；

齐桓公、晋文公、秦穆公、楚庄王、越王勾践(《四子讲德论》)；

齐桓公、晋文公、秦穆公、楚庄王、吴王阖闾(《白虎通·号篇》)

齐桓公、晋文公、秦穆公、宋襄公、吴王夫差(《汉书注·诸侯王表》)

齐桓公、晋文公、楚庄王、吴王阖闾、越王勾践(《荀子·王霸》)

齐桓公、晋文公、晋襄公、晋景公、晋悼公(《鲒埼亭集外编》)。

显然，齐桓公、晋文公这二位是公认的春秋霸主，每个版本里都有。此外得票较高的是秦穆公、楚庄王，再往下便众说纷纭了。在这些霸主里，争议最大的是宋襄公。

本文内容参考《史记·宋世家》。

谦让的太子

宋襄公，子姓，宋氏，名兹甫，宋桓公次子。他还有个哥哥叫目夷，是庶出，而兹甫是嫡出，所以兹甫被立为太子。

宋桓公病重时，太子兹甫提出由庶兄目夷继承君位，他认为哥哥年长，并且仁义。宋桓公便叫来目夷商议，不料目夷以废嫡立庶不合礼法、弟弟更仁德等理由坚决推辞。

相比其他国家王子之间为了王位兵戎相见，宋国的这对兄弟简直太友爱了。他们不停地谦让，目夷甚至躲到了卫国。一年后，宋桓公去世，太子兹甫继位，是为宋襄公。他请回哥哥目夷，将他封为国相。

当时齐桓公召集诸侯在葵丘举行会盟，宋襄公应邀前往。他亲眼见证了霸主的气派，心生羡慕。而志得意满的齐桓公对这个年轻人也颇有好感，请他多多关照自己的太子昭（后来的齐孝公），宋襄公满口答应。

窝囊的会盟

公元前 643 年，齐桓公死后，他的五个儿子争位，太子昭逃到宋国求助。宋襄公号召各国诸侯都来帮助齐国平乱，但应者寥寥，只来了卫国、曹国、邾国三个小国的一些人马。于是宋襄公率领四国军队护送太子昭回国。这边他们刚走，那边齐国四公子的部众又来攻打太子昭，太子昭再次逃往宋国。宋襄公接着出兵齐国，帮助太子昭即位，史称齐孝公。当年齐桓公的一句嘱托，宋襄公实实在在做到了。

帮助别人是快乐的，同时也能让人感受到自己的价值和实力。两次出兵齐国的“成功”，让宋襄公觉得自己也可以试着搞个诸侯会盟，做个霸主什么的。他决定在楚国的鹿上（今安徽阜南公桥乡阮城村）举行会盟，可是跟在他后面的是卫国、邾国、曹国、滑国等几个袖珍小国，实在上不得台面，于是宋襄公特意请楚国来帮忙撑场面。没想到，楚国竟然答应了。这时，宋襄公的哥哥目夷进谏：“以咱们小国之力争着主持诸侯会盟，这可是灾祸啊。”一心向往会盟的宋襄公哪里听得进劝告？鹿上会盟如期举行，宋襄公意气风发，以盟主自居，这让与会的齐国、楚国国君很不爽。正在兴头上的宋襄公又当众宣布，秋天在盂地（今河南睢县）再举行一次会盟。

哥哥目夷赶紧警告他：“灾祸就在眼前了。国君的欲望太盛，怎么得了！”不过，这同样也被宋襄公当成了耳边风。

前往盂地会盟前，目夷建议多带军队，以防不测。宋襄公一摆手，说：“会盟是各国国君之间的友好活动，是我提出来国君参会不带军队的，怎么能不守信用呢？”

楚国、郑国、陈国、许国、曹国、蔡国等六国国君前来盂地会盟。宋襄公再次以盟主自居，楚成王不干了，当场反对，于是他们俩起了争执。楚成王一声令下，埋伏在附近的楚国军队一拥而上，直接劫持了宋襄公，将他押回楚国关了起来。两个月后，诸侯们又在亳地会盟，经鲁僖公从中调停，楚国才放了宋襄公。

楚国的意思很明确，他们认为宋国这样的小国根本没资格做老大，所以要抓了宋襄公，羞辱他一番，警告他一下。宋襄公狼狈地回来，哥哥目夷摇摇头说："灾祸并未结束。"

在会盟争霸的问题上，哥哥目夷更慎重。

泓水之战

宋襄公对楚成王的偷袭耿耿于怀，但不敢直接报复，于是盯上了楚国的跟班郑国。第二年夏天，宋襄公率兵讨伐郑国。目夷再次警告："我说的灾祸就在这儿。"宋襄公不予理睬。

挨打的郑国向楚国求救。楚国国君自然不能坐视不管，派大将成得臣率军直接进攻宋国国都。这是春秋版的"围魏救赵"。宋襄公唯恐国都有失，回师救援。目夷又劝道："上天抛弃我们商朝后裔已经很久，不能再打仗了。"欲报劫持之仇的宋襄公充耳不闻。两军在泓水（古河流名，故道在今河南柘城西北）相遇。

宋军列阵完毕，楚军还没有完全渡河。目夷建议道："楚军兵多，我军兵少，趁他们渡河之际赶紧攻击。"之前目夷劝阻征战，宋襄公不听。现在目夷建议出战，宋襄公还是不听。

眼看着楚军已全部登岸，开始列阵。目夷再次建议道："可以攻击了。"宋襄公摇摇头说："等他们排好阵势。"

楚军列好了阵形，宋军才发动进攻。同等条件下对决，宋军显然不是楚军的对手，毫无悬念地兵败如山倒，宋襄公还被流箭射中了大腿。

在两军阵前，哥哥目夷更灵活。

宋襄公的理论

痛定思痛，宋国人都埋怨宋襄公不听目夷的建议，导致惨败。宋襄公却坚信自己没有错，他的理由是："君子不乘人之危，不可攻打未列好阵的军队。"

在他看来，打仗也要严格遵循古代的战场规则，那就是：君子不会两次伤害敌人，不擒头发花白的敌人。他认为古代获得战争的胜利，靠的不是关塞险峻、将士勇猛，而是仁义道德。

哥哥目夷气得发晕，说："强敌由于地形狭隘而不好列阵，这是上天在帮助我们啊。难道拦截、攻击敌人还有错吗？大敌当前，即便是老头儿，捉到也不能放，管他头发是黑是白。作战的直接目的就是打败敌人。敌人受伤还没有死，为什么不能上去补一刀？如果你爱惜敌人的伤员，那从一开始就别伤害他；你爱惜那些头发花白的敌人，干脆向他们投降吧。"

目夷越说越气："国君你不懂战争啊。打仗，胜了就是功劳，说些空洞的仁义道理有什么用？如果你想以德服人，那就当奴隶服侍别人算了，何必打仗、争霸？"

宋襄公回到襄邑（今河南睢县）的行宫养伤。正巧晋国公子重耳路过宋国，宋襄公希望得到晋国的援助，将来配合他攻打楚国，于是厚待重耳，赠送了八十匹马的重礼。可惜他等不到那一刻了。春去夏来，宋襄公病逝。

脑洞大开

严格说起来，宋襄公这个霸主名不副实。

宋国在诸侯国里国力偏弱，争霸的基础不好。偏偏宋襄公羡慕齐桓公诸侯会盟时当老大的感觉，所以他只能拉上一些比他更弱的国家做跟班。平定齐国内乱，帮助齐孝公即位这件事给了宋襄公信心。他以为送回一个太子，自己便是齐国的救世主，天下人都要拜服他的仁义。对于他的这种想法，我们只能用两个字评价：幼稚。

宋襄公组织的两次会盟更像是小朋友玩过家家，没有明确的政治内容，就是他自己上台痴人说梦般地过把瘾。比他弱的陈国、蔡国国君可以陪他游戏，可是比他强的楚成王看不下去了，一把将宋襄公扯下高台，关进牢房。

按理说，这个大跟头应该让人警醒，但是宋襄公还在梦中。回国后他想报仇，又知道打不过楚国。于是他决定教训一下楚国的跟班郑国。这恰恰暴露了宋襄公的真面目。口口声声说“以德服人”的他原来也是个欺软怕硬的人。

郑国挨打，楚国来救，宋军和楚军在泓水相遇。这一仗，宋襄公输得“理直气壮”。他明明知道自己的军队人数少，战斗力不行，却硬要跟楚军来一场公平的决战。连续错过楚军渡河和列阵未成两次良机，硬是等到对方列阵完毕，他才乖乖地迎接了敌人的一顿狠揍。

尽管如此，他还抛出“君子不重伤，不禽二毛”的仁义理论。这理论本身没有问题，错就错在他施用的时机不对。在刀兵相见的战场上讲仁义，不是犯傻就是疯了。

宋襄公像个活在古代的理想主义者，向往所谓的“道义”，可又不知道该如何实现。他在现实中用不合时宜的方式笨拙地实践着自己的构想，最终做了自己“理想”的殉葬品。他不是英雄，而是一个可怜人，倔强而蠢笨。

宋襄公的哥哥目夷则像是一面镜子，他的每一次劝谏都是预言，言中了宋襄公的失败；他的每一句提醒都是警告，直刺宋襄公的荒唐；他的每一声长叹都是无奈，眼睁睁看着宋襄公一条道跑到黑。

关于宋襄公的问题，明眼人都看得清清楚楚，包括他的敌人。楚国大将成得臣就说他是“好名无实，轻信寡谋”。这评价多精辟啊！宋襄公不就像电影《方世玉》里的那个雷老虎吗？成天把“以德服人”挂在嘴边，希望落一个大善人的虚名。宋襄公哪里称过霸？不过是成天为称霸背书，大家都听熟了而已。

相同的名字，不同的人生

每个人都有自己的姓名，都有自己的社会角色，更有属于自己的人生故事。姓名可能一样，但是人生轨迹绝不会相同。

《史记》当中，这样的例子至少有三个。

审时度势的韩王信

《史记》里有两个韩信，他俩生于同一时代，一个是横扫千军的军事家，一个是号令一方的诸侯王，偏偏他俩还死于同一年。因为淮阴侯韩信的名号太响亮，所以我们称另一个韩信为韩王信。

韩王信是韩襄王姬仓（姬姓，韩氏，也可以叫韩仓）庶出的孙子，所以韩王的王位原本与他无缘。公元前 230 年，秦始皇发动统一之战，弱小的韩国第一个被吞并，亡国之君韩王安便是韩王

本文内容参考《史记·韩信卢绾列传》《史记·扁鹊仓公列传》《史记·田敬仲完世家》《史记·项羽本纪》。

信的侄儿。

秦朝灭亡之后，项梁拥立楚王后代为怀王，六国贵族纷纷拥立各自王室后裔为王，但是韩国出现了选择困难。作为韩国贵族，张良向项梁建议，在诸公子当中立贤能的横阳君韩成为王。

在刘邦的帮助下，韩王成夺回了不少当初属于韩国的土地。在攻打阳城时，他发现了曾经的贵族韩信（当时他只是一个普通人，我们还不能称他韩王信，只能叫他韩信），并封他为将军。

公元前206年，项羽自立为西楚霸王，大封诸侯王，韩成也被封为韩王，都城在阳翟（dí）。之后，诸侯们纷纷归国。而项羽却抓住两个问题（韩王成没有追随项羽作战的军功，而张良跟了汉王刘邦），不准韩王成归国，将他带回彭城。随后将他降为侯并杀害，代之以吴县县令郑昌为韩王。

汉王刘邦则任命跟随他的韩国贵族韩信为太尉，命他攻取韩国旧地。在拿下十多座城池后，韩信猛攻阳翟，山寨韩王郑昌投降。于是，刘邦封韩信为韩王。韩信领导的韩国便成了汉王刘邦的藩国。

楚汉相争期间，刘邦和项羽互有胜负。刘邦撤离荥阳时，留下韩王信守城。项羽的攻势猛烈，韩王信不得不投降。不久，韩王信从楚营逃跑，再投刘邦。那年月，项羽和刘邦都在争取盟友，所以都不计较韩王信的反复无常，于是刘邦再立他为韩王。

刘邦、项羽争地盘，韩王信见风使舵，审时度势，最终站到汉营这边，跟随刘邦击败项羽，平定天下。成为汉高祖的刘邦正式封韩信为韩王，封地在颍川。

韩王信的反叛

韩王信身高八尺五寸。秦汉时的一寸大概相当于现在的2.31厘米，换算下来，他的身高约为1.96米。这样一个高大威猛的诸侯王占据颍川——北近巩县、洛阳，南近宛县、叶县，东有淮阳，这些都是战略要地，汉高祖实在放心不下。于是，他将韩王信调到太原以北地区，让他去防御匈奴。

韩王信接到诏令，立即上书："臣现在的封国紧靠边境，匈奴多次入侵，而都城晋阳距离边境较远，请允许我在马邑建都。"刘邦答应了，韩王信迁都马邑（今山西朔州）。

这年秋天，匈奴冒顿单于率大军南下，包围了韩王信。韩王信多次派使者与匈奴谈判求和。朝廷闻讯立即派兵救援，但同时对韩王信与匈奴频繁接触的动机产生怀疑。面对皇帝派来的使者的当面责问，韩王信心中恐惧，害怕被多疑的皇帝处死，于是将错就错跟匈奴约定反叛汉朝。韩王信献出都城马邑，引匈奴兵攻打太原。

蓄谋已久也好，情势所逼也罢，反正韩王信反了。刘邦闻讯亲率三十万大军平叛。从铜鞮（dī）（今山西沁县）到晋阳，再到楼烦，韩王信的军队和匈奴的骑兵接连被汉军击败。刘邦得意忘形，中了匈奴的诱敌之计，被困白登山七天七夜。白登山解围之后，韩王信便成了匈奴频繁骚扰汉朝边境的急先锋。

刘邦从白登山撤兵时命陈豨（xī）负责北方边境赵国、代国的军事事务。这个陈豨经常被人举报涉嫌违法乱纪，心中害怕的他

便偷偷与韩王信的手下王黄等人联系。公元前197年，刘邦召陈豨进京，陈豨称病推托，并与王黄等人约定反叛，自称代王。韩王信再次和匈奴骑兵一起侵扰汉朝。

汉朝大将柴武给韩王信写去一封信："皇上宽厚仁爱，尽管有诸侯背叛逃亡，但只要再度归顺，总会恢复爵位、封号，并未诛杀。您是战败逃往匈奴，并无大罪，赶快回来吧。"

韩王信回信道："皇上当初把我从平民中提拔上来，让我称王，我感到万分荣幸。但是，荥阳之战中我没能以死效忠，被项羽关押，这是第一项罪；匈奴进犯马邑，我没能坚守，开城投降，这是第二项罪；现在率领敌军与将军交战，这是第三项罪。越国的文种、范蠡没有犯错，在成功之后落得一死一逃。我三罪在身，还想活命？我当然想回汉朝，但是此时此地，已经不可能了。"

显然，韩王信并非穷凶极恶的背叛者，但是他很清楚自己已成为刘邦眼中不可饶恕的罪臣。他没有退路，没有选择，只能在匈奴与汉朝为敌了。最终，柴武率军大败匈奴，斩杀了韩王信。

三十多年后，韩王信的儿子和孙子率部归汉，均被封侯。韩家的爵位世代相袭，也算遂了韩王信重归中原的心愿。

蔡桓公，还是齐桓公

神医扁鹊行医治病的故事中，最著名的就是《扁鹊见蔡桓公》，它还为我们贡献了两个成语：讳疾忌医，病入膏肓。

关于这个故事，《史记·扁鹊仓公列传》中记载的是扁鹊见齐桓侯。

他见的究竟是蔡桓公，还是齐桓侯？

史书上记载，扁鹊生于公元前407年，卒于公元前310年，显然他生活的年代处于战国前期。而蔡国建于公元前1046年，公元前447年被楚国吞并。蔡国灭亡时，扁鹊还没出生。在蔡国的历代君主当中，的确有一位蔡桓侯，其在位时间是公元前714年至公元前695年，跟扁鹊差了几百年，更不可能有交集。

那么，这个蔡桓公究竟是何许人也？

这个蔡桓公不是蔡国君主，而是战国前期田氏齐国的君主。

战国初期，陈国田氏后代取代齐国姜氏成为齐侯。我们可以把春秋时期的齐国称作姜氏齐国，战国时期的齐国称作田氏齐国。扁鹊见的这个齐国君主是田氏齐国的第三位君主田午，他的谥号也是桓公。

于是我们看到，历史上有两位齐桓公，一位是春秋时期齐国的霸主齐桓公姜小白，另一位是战国时期田氏齐国的齐桓公田午。

这位齐桓公田午也是个狠角色。二十六岁那年，他杀死兄长齐废公田剡（yǎn）自立。田午在位十八年，最重要的功绩是在都城临淄创建稷下学宫，设大夫之号，招揽天下贤士，聚众讲学，著书立说。稷下学宫存在了百余年，容纳诸子百家的各个学派，兴盛之时曾汇聚孟子、荀子、淳于髡（kūn）、邹衍、申不害、鲁仲连等近千位天下英才，这里成为当时百家争鸣的中心园地。据考证，稷下学宫是世界上第一所官方举办、私家主持的特殊形式的高等学府。

当然，齐桓公田午也因为拒绝名医扁鹊的正确建议，成为历史上讳疾忌医的典型代表人物。

至于为什么《韩非子》里称田午为蔡桓公，应该是文献当中的讹误。

傀儡楚怀王

齐国有两个齐桓公，楚国则有两个楚怀王。一个是前楚怀王熊槐，一个是后楚怀王熊心。虽然他们的结局都很悲惨，但是后楚怀王熊心更像一个山寨君主——从牧羊人到所谓楚王，再到被杀，短短两年里他做的不是诸侯，而是傀儡。

《史记》中说熊心是熊槐的孙子，但是仔细想来，楚国贵族后裔多如牛毛，而熊心是在民间的羊圈里被发现的，谁来证明他就是前楚怀王的嫡系子孙呢？其实，熊心不过是项梁、范增临时抓来的一个彰显他们起兵是名正言顺的证明人罢了。既然百姓觉得当年楚怀王熊槐死得冤，那么项梁、范增就说熊心是楚怀王的孙子，再尊他为怀王——古代君王的谥号都是死后评定，熊心一登基就有了谥号，还是前人用过的，实在叫人哭笑不得。

熊心并非无能之辈，他一直试图摆脱项家叔侄的控制。

项梁战死后，熊心合并相关军队亲自统率，提拔非项氏的大臣宋义为卿子冠军，领兵北上救援赵国，以期在诸侯中树立楚国的形象。他和诸将约定，谁先入函谷关、平定关中，就让谁在关中称王。他悄悄安排刘邦西行攻秦，让项羽跟着宋义北上救赵。

如果说项梁多少还给熊心一点儿面子，那么项羽压根儿就没把这个放羊娃放在眼里。他直接杀了上司宋义，逼得熊心任命他为救赵大军的主帅。

项羽挟巨鹿之战的余威进入咸阳，一通打砸抢之后，要熊心立自己为王。熊心一口咬定，按照当初的约定，刘邦先入关，封王也是封刘邦。

项羽发飙了，拿战功说事儿，叫嚣灭秦的功劳是众将打出来的，怀王熊心是项氏所立，却寸功未立，于是改尊熊心为“义帝”。注意，义帝的这个“义”不是仁义的意思，而是跟“义眼”的意思一样，指假的。

对于熊心的不配合，项羽毫不客气，直接架空他，命他迁到郴(chēn)县(今湖南郴州)。眼见撕破脸了，无权无兵的熊心只得搬家。他刚到郴县，得到项羽密令的英布便带人将其截杀了。

脑洞大开

德国哲学家莱布尼茨说：“世界上没有两片完全相同的树叶。”世界上也没有完全相同的两个人，即便他们的名字相同，谥号相同。

尽管人生轨迹不同，但是两个韩信后来都与汉高祖刘邦反目，一个动了谋反的念头，一个真的叛了国。不过他们最终都不是刘邦的对手，成了天子剑下的亡魂。淮阴侯韩信杂念太多，自负到没朋友，丢了性命；韩王信忠诚不足，勇力不够，只能客死他乡。

齐国的传奇集中在春秋时期，齐桓公姜小白开启了传奇，同时也让他的故事成为绝响。战国时期的田氏齐国多少有些山寨的感觉，至于齐桓公田午，更像是为了推动医疗事业发展现身说法的反面人物，而他作为君主的正业，大家都忽略了——虽然他治国理政的成绩同样平平。

都说楚怀王熊槐死得冤枉，可是楚怀王熊心似乎更悲惨。他原本可以老老实实做个放羊娃，却莫名其妙被推上了王位。既然做了王，他就想认认真真做点儿实事，可项羽要的是听话的傀儡。双方矛盾渐起，熊心被杀。熊心之死，坐实了项羽的大逆不道，给了刘邦讨伐项羽最充足的理由。

楚汉相争结束后，刘邦派人前往郴祭祀义帝熊心，一来寄托哀思，二来也是表示感谢。政治斗争中，熊心这样的小人物只能是强人争斗中的垫脚石。

成语典故

讳疾忌医：怕人知道有病而不肯医治，比喻掩饰缺点，不愿改正。讳，避忌，忌。忌，害怕，担心。

病入膏肓：病到了无法医治的地步，也比喻事情严重到了无法挽救的程度。膏肓，我国古代医学上将心尖脂肪叫膏，将心脏与膈膜之间叫肓，认为这两处是药力达不到的地方。

赵氏父子：两个“太阳”

春秋时期，晋国存续达百年，在诸侯国中存在的时间最长。究其原因，除君主雄才大略、知人善任外，人才不断涌现才是关键所在。在这当中，重臣赵衰（cuī）、赵盾父子更是功不可没。另一位大臣狐射（yè）姑曾这样点评他们父子：“赵衰，冬日之日也；赵盾，夏日之日也。”冬日暖阳赵衰和夏日骄阳赵盾，一个温暖，一个热烈，一前一后照亮了晋国光辉的争霸之路。

重耳的好兄弟

赵衰，字子余，他的祖先叔带曾是西周大臣，因为周幽王无道，所以离开国都前往晋国，侍奉晋文侯，自此赵氏一脉在晋国安家。

赵衰和晋国公子重耳从少年时期就是好友。后来晋国发生内乱，重耳开始流亡国外，赵衰便是不离不弃的“五贤”（狐偃、

本文内容参考《史记·赵世家》《史记·晋世家》。

赵衰、贾佗、魏犨[chōu]和先轸)之一。客居翟国时，翟国国君将两名漂亮的战俘姐妹一个赐给重耳，一个赐给赵衰。后来，这名女子为赵衰生下一个男孩，取名赵盾。

在晋文公十九年的流亡生涯中，赵衰尽心竭力，多次在关键时刻起到重要作用：得知晋国派刺客前来，果断建议重耳前往齐国；当重耳留恋齐国的温柔乡时，与重耳的妻子齐姜等人设计灌醉重耳，用车载他离开齐国；来到楚国后，力挺重耳以诸侯礼节会见楚成王；在秦穆公的欢迎宴上，吟诵《黍苗》诗，向秦穆公婉转表达重耳想要回国的心愿，得到秦穆公的肯定。

重耳回到晋国成为国君后，把自己的女儿嫁给赵衰，于是这对君臣在连襟关系之外又加上了翁婿关系。

赵衰三让

公元前633年，晋文公推出了三军六卿制度。在晋国设立中、上、下三军，每军设将、佐各一名，依次为中军将、中军佐、上军将、上军佐、下军将、下军佐。其中中军将为正卿，为晋国首席政务官。执掌三军的六卿都出将入相，共同掌管军国大事。这可以说是中国历史上最早的内阁制度。

关于六卿的人选，晋文公征求赵衰的意见时，赵衰推荐郤縠(xì gǔ)为中军将，他的弟弟郤臻为中军佐，狐偃为上军将，他的哥哥狐毛为上军佐。眼看六卿的职位都要安排完了，重耳赶紧提出由赵衰来做下军佐。赵衰一摆手，说自己才德不够，代之推荐栾枝来做下军将，理由是他“贞慎”（守正谨慎），同时推荐先轸做下军佐，理由是他“有谋”。

所以，在晋国三军六卿制度建立之初，谦让的赵衰并不在其中。但是城濮之战的胜利，充分证明了赵衰慧眼识珠。

之后，郤縠去世，战功卓著的先轸接替中军将，之前赵衰推荐的胥臣又接替了先轸原来下军佐的位置。晋文公便要赵衰来做下军将，赵衰仍旧推辞，而是推荐了狐偃，狐偃则推荐了哥哥狐毛，于是晋文公任命狐毛为上军将，狐偃为上军佐。

狐毛死后，晋文公第三次请赵衰出任上军将，赵衰则是推荐了城濮之战中治军有方的先轸之子先且居。于是年轻人先且居做了上军将。

赵衰三让六卿，使得晋文公大为感动：“赵衰三次辞让，三次推荐的都是得力的国家捍卫者。如果我不重用辞让之人，就是德行有失啊！”为了能够重用赵衰，晋文公又在清原（今山西闻喜北）举行军事演习，在三军基础上增加新上军和新下军，变成五军十卿，赵衰被任命为新上军将，在十卿中排名第七。

不久，狐偃去世，上军佐的位子空缺。上军将先且居请求委派副手，晋文公说：“赵衰三次推让，都不失礼义。谦让是为了推荐贤人，礼义是为了推广道德，推广道德，贤才就来了，这有什么好忧虑的呢？”于是让赵衰做了上军佐。这位老臣此时才在晋国大臣中排名第四。

公元前628年，晋文公病逝，晋襄公即位。中军将先轸战死，其子先且居继任中军将，老臣赵衰再为中军佐，二人配合再败秦军于彭衙。

公元前622年，比德如玉的君子赵衰病逝。

废立之争

赵盾不仅有一位德高望重的父亲，还有一位识大体的大娘——赵衰的原配妻子。赵衰随重耳回国后，他的原配妻子坚决要求他把在翟国娶的妻子和儿子赵盾接来晋国，并认定赵盾的才德超过自己亲生的三个儿子，将赵盾立为家族的继承人。

赵衰病逝后，年轻的赵盾走到台前，主持晋国国政。两年后，晋襄公临终前将三岁的太子夷皋托付给赵盾，让他辅佐太子继位。但是赵盾没有遵循晋襄公的意思。他认为太子年幼，没能力管理这个多难的国家，他要更换继承人。

不料此举带来了一系列麻烦。

赵盾在晋襄公的兄弟当中挑中了在秦国做质子的公子雍，而另一位重臣狐射姑推荐了在陈国做质子的公子乐。二人争执不下，各自派人迎接公子回国。赵盾偷偷派杀手在半路截杀了公子乐一行。此举使赵盾和狐射姑的矛盾公开化，赵盾直接罢免了狐射姑的职务，狐射姑出走翟国。

正当赵盾的使臣前往秦国迎接公子雍时，宫中再起反对之声。晋襄公的夫人、太子夷皋的母亲穆嬴抱着太子日夜不停地在朝堂上啼哭："先君有什么罪过？为什么要丢弃他的嫡子而另找国君？"之后，她又抱着太子跑到赵盾家质问："先君去世时的嘱托还在耳边，你就要背信弃义，是何居心？"

在朝堂上杀伐决断的赵盾竟然被穆嬴一哭二闹弄得没了脾气，他更害怕因此招致政敌的集体围攻，于是改变主意，立太子夷皋为国君，这便是晋灵公。

麻烦并没有就此结束。

公子雍在一队秦军的护卫下正走在回国继位的路上。赵盾亲自率领大队人马赶到令狐（今山西临猗西），大败秦军，成功拦截公子雍。虽然赵盾摆平了自己惹的祸，但秦、晋两国自崤之战以来的仇怨是越结越深了。此时赵盾已经管不了那么多了，他关心的是如何在晋国内部实现大权独揽。

公元前621年，赵盾作为晋灵公的全权代表，与齐、宋、卫、郑、曹、许等国国君在扈地结盟。一个卿大夫与各国国君结盟，赵盾俨然就是晋国的首席执行官了。

弑君之罪

令狐之战中，赵盾的副手、中军佐先克（先轸之孙、先且居之子）以战争为由强占了大夫蒯得的封地堇（jìn）阴。怀恨在心的蒯得和箕郑父、先都、梁益耳等失势的大臣密谋作乱夺权。他们刺杀先克的第一步计划刚刚得手，赵盾便得到消息，迅速组织反击，将这几人捕杀。

之后，赵盾重组六卿，组成了以他为首、完全听命于他的六人内阁。

而被赵盾欺骗的秦康公念念不忘令狐之战的惨败，时常发兵侵扰晋国。当国内政局稳定后，适逢秦军强占晋国西南的羁马（今山西永济南），赵盾便亲自领兵迎敌，双方对峙于河曲（今山西永济东南）。

晋军原本有很大的胜算，但是因为赵盾的堂弟赵穿鲁莽行事，晋军错失战机，无功而返。还都之后，偏袒堂弟的赵盾有意淡化战争失利的原因，减轻赵穿的罪责。

赵盾掌权十四年，晋灵公渐渐长成了大人。这个年轻人顽劣不堪，不仅生活奢靡，专爱在高台上以用弹弓射击行人为乐，还喜怒无常，他的厨师日常烹饪稍有闪失便有性命之忧。对此，赵盾多次劝谏，晋灵公表面应允，暗地里却开始筹划除掉赵盾。

赵盾真是命大。

晋灵公所派刺客夜间入府行刺，感慨赵盾的简朴勤政，于是放弃行刺并自杀。

此后，晋灵公宴请赵盾，想在他酒醉后动手。不料御厨曾被赵盾救助，所以在席间暗示赵盾逃跑，并奋力阻挡追兵。

赵盾逃出国都，正准备流亡国外，接他回家的信使来了。原来，他那个鲁莽的堂弟赵穿刺杀了晋灵公。晋灵公无道，赵盾治国有方，所以这次变故并未引起国人骚动。

赵盾回到朝廷，发现史官董狐关于此事的记录是“赵盾弑其君”，不解地说：“弑君的是赵穿，我无罪。”董狐答：“你是正卿，虽然逃走了，但没有出国境，所以国内发生的变故你都脱不了干系。并且你回来后也没有处置作乱之人，弑君的不是你还能是谁？”赵盾无言以对。

国不可一日无君。赵盾派人迎接晋文公的小儿子、晋襄公的弟弟黑臀（晋国君主的名字非常有趣，黑臀指的是屁股上有块黑色的胎记，重耳指的是耳朵上长了个附耳）继位，这就是晋成公。

公元前 601 年，赵盾病逝。

脑洞大开

作为晋国的有功之臣，赵衰、赵盾父子性格迥异。一般来说，大家都喜欢赵衰。因为他像一个敦厚的长者，不争不抢，礼让为先。而对他的儿子赵盾，则众说纷纭。

可以肯定的是，赵盾是能臣。那除此之外，他究竟是忠臣，还是佞臣？

历朝历代，但凡国君去世，托孤之臣都喜欢辅佐一个不懂事的幼子。因为君主年幼初立，人心疑惧不安，这样主少国疑的情形便于权臣控制朝政。而赵盾偏偏要废了三岁的太子夷皋，去找回一个成年公子继位。如果不是大脑短路，那么只有一个解释——赵盾是真心为国家考虑，希望有一个年富力强的国君继位。此后的事实证明，赵盾的预感是正确的，太子夷皋实在不是做国君的料。

而穆嬴夫人的搅闹打乱了赵盾的计划，他不得不改变主意。但是他并不犹豫，面对由此带来的一系列麻烦，勇敢地去解决。

对于不成器的晋灵公，赵盾一直是耐心劝告；面对追杀，同样是不反抗，逃命要紧。至于史官董狐写的“赵盾弑其君”，赵盾觉得很委屈。董狐的评判是对的，赵盾对晋灵公的死负有责任。至于行凶者赵穿是否为赵盾唆使，没有证据。

赵衰和赵盾凭借自己的才智，辅佐晋文公、晋襄公、晋灵公、晋成公数代国君，实现并延续了晋国的霸业。从政绩上看，赵家父子厥功至伟。

但是相比其他诸侯国，晋国的政治更复杂。各国都会安排国君同族的亲戚为官，称为“公族大夫”。而晋国出现了晋穆侯之子、受封曲沃的桓叔这一支旁系经过多年经营，夺取国君之位的怪事，所以之后的晋国国君对公族格外提防，以至于“晋无公族”。而在晋成公即位之后，赵盾又提出重设公族大夫。

注意，此公族非彼公族。赵盾要设的公族大夫不再限于国君的亲戚，更多是和他一样的卿大夫及其后代。显然，赵盾的目的是发展卿族势力。晋国虽强，晋国的卿大夫势力更强。赵盾之后，晋国卿大夫弑君之事一再发生，卿大夫不断挑战君权，最终导致三家分晋。

尽管赵盾没有做大逆不道之事，但是他的所作所为替后世子孙挑战国君权威铺平了道路。

赵衰如冬日暖阳温润了晋国零落的朝堂，点燃了晋国争霸的火焰；赵盾如夏日骄阳为晋国霸业的续航储备了充足的动力，同时也在悄无声息中燃烧了原有的权力格局，最终使晋国的基业化作灰烬。

孔门的师兄师弟

相传首创私人讲学的孔子得弟子三千，其中贤者七十有余。孔子自己也曾明确说："跟我学习而精通六艺的弟子有七十七人（一说七十二人）。"在《论语》中，在《史记》中，在其他记载孔子言行的史料中，有几个弟子出现的频率极高，他们常伴孔子左右，从他们身上，我们能看到孔子的影子。

总是挨骂的大师兄

仲由，字子路，他是孔门大弟子。在《论语》里，子路的名字出现高达四十二次，子路是名副其实的大师兄。

初次相见，子路给孔子的第一印象并不太好。当时，他头戴鸡冠一样的帽子，身上佩戴公猪的牙齿。这副可笑的扮相是在向孔子耀武扬威：我既好斗又凶狠！孔子当然没把他放在眼里，教训道："你穿成这样，只能显示你的野蛮。人的能力不在勇力，而在脑力；人的可贵不在勇猛，而在理智。"在孔子的一番礼乐教导

本文内容参考《史记·仲尼弟子列传》《论语》《孔子家语》。

下，子路彻底折服，穿上儒生的服装，带着拜师的礼物，通过熟人引荐，投入孔子门下。

子路性情粗朴，好勇逞强，这与孔子提倡的彬彬有礼相去甚远，所以他总是被老师批评。

子路曾经问孔子："君子崇尚勇敢吗？"

孔子回答："君子最崇尚的是义。一个人只好勇不尚义，就会叛逆作乱。小人便是这样，就会做强盗。"

对这个只比自己小九岁的大弟子，孔子似乎格外严格："只听一方言辞就敢断案的，恐怕只有仲由了。""仲由崇尚勇敢超过我之所用，就不适用了。""一个穿着破袍子的人和穿着裘皮大衣的人站在一起而不羞愧的，恐怕只有仲由了。"……子路总是被孔子教训，师弟们都不尊敬他。但孔子又这样评价他："仲由的学问已经登上正厅，只是还没能进入内室。"学习一般分为三个阶段：入门、登堂和入室。当多数弟子还在入门阶段徘徊时，子路离探究学问最深奥的阶段只有一步之遥，显然孔子对子路又是相当肯定的。

那子路究竟是一个怎样的学生？

老师眼中的子路

在《论语·阳货》中，孔子曾这样评价子路："你有六大优点，即好仁、好知（智）、好信、好直、好勇、好刚，却有一个致命的缺点，不太好学，这样的话就连累了你的优点。好仁不好学就会愚蠢，好智不好学就会放荡，好信不好学就会固执，好直不好学就会尖刻，好勇不好学就会悖乱，好刚不好学就会狂妄。”语重心长的言语中，充满了孔子对子路的爱护。

实际上，子路并非一个不爱学习的人。只不过相对而言，他是一个偏重实践的人。

子路在出任卫国大夫孔悝（kuī）的采邑蒲邑的长官之前，向老师辞行。孔子叮嘱他：“蒲邑的勇武之士又多又难治理，我建议你，恭敬行事，就可驾驭这些武人；宽厚清正，就可以让百姓亲近；地方安定，就可以报效上司了。”

三年过后，孔子带着弟子们去看望子路。一入蒲邑境内，孔子就夸子路恭敬又诚信；一进城，就夸他忠信又宽厚；一进官署，又夸他明察善断。同行的弟子子贡觉得很奇怪，从来没见老师这样连着夸大师兄。孔子说："一入境，我看到田地整齐，没有杂草，田间沟渠疏通，这说明子路恭敬守信，百姓才会尽力从事农耕；进城后，我看到房屋整齐，树木茂盛，这说明你师兄忠信宽厚，城中百姓的生活并不苟且；走进官署，环境清幽，下属尽职，说明他英明果断。"尽管时常当面责备子路，但是孔子非常关心他。三年不见，看到弟子接受自己的建议做出了成绩，孔子非常欣慰。

子路跟随孔子的时间最长，师徒之间也最为了解，所以对子路，孔子常常有这样的担心："像仲由这样的性情，恐怕会不得善终。"没想到，一语成谶(chèn)。

子路之死

公元前480年，卫国发生内乱，卫出公逃奔鲁国。他的父亲蒯聩(kuǎi kuì)武力挟持大夫孔悝作乱。孔悝的采邑长官子路有事外出，闻讯后立即往国都赶。在城门处遇到同样在卫国做官的师弟子羔出城。子羔劝师兄："国君出逃，城门已关，您赶快跑吧，不要跟着孔悝白白送死。"子路摇头说："吃人家的饭就不能回避人家的灾难。"子羔逃走了，子路则趁乱进了城。

见到蒯聩与孔悝在高台之上，子路便向蒯聩喊话："你为什么要胁迫孔悝？即便你杀了他，也一定会有人继续反对你！"蒯聩不理睬。子路向周围人喊话，叫大家放火烧台，逼蒯聩放了孔悝。蒯聩害怕了，命两名手下到台下攻击子路。子路以一敌二，毫无惧色。交战中，子路的帽带被对手的戈斩断。子路知道寡不敌众，无力回天，便放下武器，说："君子即便死，也要衣帽整齐。"他系好了帽子，对手的戈也刺向了他。子路英勇献身。

孔子听说卫国发生暴乱的消息，长叹道："唉，仲由性命难保！"不久，子路的死讯传来。当时，孔子正在享用最爱吃的肉酱，听说子路被乱刃砍成肉酱，顿时泪如雨下，默默地命人将肉酱倒掉，此后他再没有吃过肉酱。几个月后，孔子病逝。

优秀的颜回

子路的死对年迈的孔子来说是雪上加霜，因为一年多前，弟子颜回的去世已经让他痛不欲生。众所周知，颜回位列孔门"七十二贤"之首，被后世誉为"复圣"。这个英年早逝的学生究竟有什么过人之处让孔子如此欣赏？

孔子曾说子路有六大优点，却因为一个缺点受到影响，便是不太好学。而说到颜回时，孔子却这样评价："颜回很好学，不迁怒于别人，不重复犯同样的过错。不幸短命死了。现在再也没有那样好学的人了，我没听说有那样好学的人了。”这个评价实在太高了。

在《论语》里，颜回的名字出现了二十一次，但凡孔子提到他的名字，总是不惜用最好的言语来夸赞他。除好学之外，提到颜回的德行，孔子说：“他的心灵长期不违背仁德，其他学生只能在某一段时间内偶然想起仁德而已。”提到颜回的学习态度，孔子说：“我只看到他学习不断进步，从未见他停止学习。”

孔子眼中的颜回为什么如此优秀？

因为他的悟性高。这一点大家都认同。孔子曾经问同样成绩优异的子贡：“和颜回相比，你觉得自己怎么样？”子贡回答：“我怎么能跟颜回比呢？他是闻一以知十，我是闻一以知二。”孔子点点头，说：“是呀。别说你比不上他，就连我也比不上他。”

一天，孔子带着子路、子贡和颜回去登山。爬到山顶，四个人登高望远，非常愉快。孔子现场出题，让三个弟子分别说说自己的志向。

子路的理想是，两军阵前，杀敌立功，拓地千里。孔子评价道：“勇哉。”

子贡的理想是，两军阵前，判断情势，解决冲突。孔子评价道：“辩哉。”

颜回半天才说：“子贡说了文，子路说了武，我就不说了吧。”孔子坚持要他发言。颜回回答：“辅佐明君，教导人民，铸剑为犁，马放南山。百姓没有生离死别之苦，没有旷夫怨女之恨，千年无国家相争之患。”孔子高声评价道：“美哉！德也。”

三个弟子的志向孰高孰低，其实从老师的评点中已经明了。

是的，孔子最欣赏颜回的高境界。“贤哉，回也，一箪食，一瓢饮，在陋巷，人不堪其忧，回也不改其乐。贤哉，回也！”孔子欣赏颜回安贫乐道、自得其乐的崇高境界。孔子还说：“用之则行，舍之则藏，唯我与尔有是夫！”需要被任用时就出来匡时救世，不被任用时则藏道在身。他认为，能够做到自由洒脱、活出自我的，只有颜回和自己了。

全才子贡

如果说子路是孔子最亲近的弟子，颜回是孔子最喜爱的弟子，那么子贡便是孔子晚年最依赖的弟子了。

子贡复姓端午，名赐，字子贡。在孔子的弟子当中，他的人生相对圆满。他不仅辩才出众，并且做过鲁国、卫国的国相，更善于经商，集政治家、外交家、商人于一身。对子贡，孔子还有过一个极精准的评价。

子贡曾问：“老师，我是一个什么样的人啊？”孔子答：“你啊，是个器。”这个比喻有点儿奇怪。器，指东西。孔子还曾说：“君子不器。”按照这个逻辑，他在说子贡不是君子。子贡接着问：“那我是什么样的器呢？”孔子答：“瑚琏也。”

瑚琏是祭祀天地和祖先时宗庙里盛放祭品的贵重玉器。这样看来，子贡可不是一般的器，而是贵重之器。回到之前的"君子不器"，说明子贡离"瑚琏之器"的境界还有一些距离，还有提升的空间。

子贡的确是庙堂之才，他在政治舞台上纵横捭阖，一次出使，存一国，乱一国，破一国，强一国，霸一国，完成了教科书式的外交经典案例。

齐国的田常想作乱，却又害怕国内几大政治势力，便想转移他们的军队去攻打鲁国。孔子得知消息，号召弟子们出来救鲁国。最终他选择子贡出使齐国斡旋。

子贡来到齐国面见田常后单刀直入，一语道破田常的心思："您这次出兵打仗不是为了国家，而是为了自己。既然如此，您不应该打弱小的鲁国，应该打更强大的吴国。这样打下去，才能消耗齐国的国力，您才可能乱中取胜，浑水摸鱼。"

田常不得不佩服子贡，说："先生说得极是。可我现在已经把军队调到了鲁国边境，没法突然掉头再打吴国啊！"

子贡说："这个简单。我去吴国，叫他们主动来打您。"

子贡到了吴国，吴王夫差正想称霸。子贡便说："现在齐国要打鲁国，作为未来的霸主，吴国怎么能容忍呢？"

吴王夫差点点头，说："当然不能容忍。只是我怕我北上攻齐时，越国在背后捣乱。等我灭了越国再说吧。"

子贡一摆手，说："齐国灭鲁国是迫在眉睫的事，等不及您先灭越国了。如果您不放心越国，我帮您去稳住越国。"

子贡到了越国，对越王勾践说："我从吴国来给您报信，吴王要灭越国。”勾践很紧张。

子贡建议道:“您主动要求协助吴国攻打齐国。这样的话,吴国打赢了,会接着攻打晋国;如果打输了,您就可以趁乱反攻吴国。”

勾践还是有些担心:“万一吴军一路顺利,攻完了齐国再攻打晋国,那他们回头还要灭越国怎么办?”

子贡一拍胸脯,说:“我去趟晋国,保准让吴国赢不了。”

离开越国,子贡没有直奔晋国,而是先回吴国,向吴王转达了越国要帮助吴国攻打齐国的请求,这让夫差吃了定心丸,决意攻打齐国。

子贡这才北上晋国,让晋国国君做好防御吴国的准备。

接下来的战事一如子贡所料:吴国大败齐国,鲁国的危机首先解除。吴军乘胜攻打晋国,却中了埋伏,战败。越国见吴国战败,迅速偷袭吴国。吴王不得不回师救援,结果三战皆败,兵败亡国。中原各国一通乱战之后,在一旁看热闹的越王勾践捡了大便宜,成为春秋时期最后的霸主。

子贡实在是太神奇了。他一出马,保全鲁国,扰乱齐国,灭亡吴国,强大晋国,还使越国称霸,让五个国家的形势发生了巨大变化。连孔子都觉得不可思议,说:“我只让他救鲁国,后面的事都是不该干的啊。”

公元前479年春天,七十二岁的孔子病倒了。子贡急急忙忙来看望老师。孔子责怪地说:“赐啊,你怎么这么晚才来啊!”独子孔鲤去世了,最爱的学生颜回去世了,最亲近的学生子路战死了,孤苦伶仃的他对子贡充满了依赖。他告诉子贡,昨晚自己做了一个梦，梦见自己坐在厅堂的两根柱子中间接受别人的祭拜。他叮嘱道：“这是殷人的停丧之礼啊，我就是殷商的后裔。”他这是在跟子贡交代自己的后事。

不久，孔子病逝。子贡带着师兄弟将孔子葬于鲁城北泗水岸边。弟子们纷纷执父丧之礼，在此搭建草房，为老师守孝三年。只有子贡为老师守孝六年，依依不舍地又送了孔子一程。

脑洞大开

战国时的儒家“亚圣”孟子曾说“君子三乐”的第三乐是：“得天下英才而教育之。”我相信，孟子说这句话时，一定是向先师孔子投去了羡慕的目光。孔子弟子三千，英才众多，还有所谓“孔门十哲”的说法，指在德行、政事、言语和文学等方面成就杰出的十个弟子：颜回、子骞、伯牛、仲弓、子有、子贡、子路、子我、子由、子夏。子路、颜回和子贡三人之所以屡屡被孔子提及，并不是因为他们的智商最高、成绩最好、成就最大，而是他们与老师交往最深，三个人的一言一行传递出的就是孔子所倡导的君子模式。

孔子实在是一位好老师，懂得如何因材施教。子路心浮气躁，于是孔子总是虎着脸，挑他的毛病，时时告诫他要低调、稳重。对子路，孔子真正是“刀子嘴、豆腐心”。颜回是个听话的乖孩子、爱学习的好学生，孔子对于这个家境贫寒的学生，更多的是怜爱，不断鼓励他、称赞他。子贡属于资质极好、全面发展的优秀学生，孔子担心他志得意满，所以给了他一个“瑚琏”的评价，让他既看到自身的优势，又知道还有进步的空间。正是因为有这样的激励，子贡才成就了一段不凡的人生。

成语典故

闻一知十：听到一点就能由此推知十点。形容很聪明，能够举一反三。闻，听到。

箪食瓢饮：一箪饭，一瓢水。指清贫的生活。箪，盛饭的竹器。瓢，舀水的器具。

白起：战神还是魔鬼

白起的籍贯虽然是郿邑（今陕西眉县常兴镇白家村），但他是芈（mǐ）姓，白氏，楚平王之孙白公胜的后人。

提起白公胜，熟悉伍子胥复仇故事的人一定不会陌生。当年楚平王的太子建被奸臣费无忌陷害，连累得太师伍奢父子被杀，太子建无奈携家人逃至郑国，却死于郑国内乱。他的儿子公子胜便逃至吴国，投靠伍子胥。多年之后，公子胜被迎回楚国，授以巢大夫，封白邑，人称“白公”。

幼年流亡的惊魂经历成了白公胜挥之不去的梦魇，他的心中只有一个想法：复仇。他屡屡向楚国令尹子西请求出兵郑国，为父亲报仇。子西出于全局考虑，当然不会轻易出兵，所以只是口头答应。之后，晋国征伐郑国，子西接受郑国的贿赂出兵相救。迁怒于子西的白公胜竟然发动叛乱，杀死子西，囚禁楚惠王，并自立为楚王。一个月后，叶公沈诸梁率军平叛，白公胜兵败自杀。

因为仇恨，备受摧残；因为仇恨，嗜血好杀；因为仇恨，走火入魔，白公胜的偏执性格似乎遗传给了白起。

本文内容参考《史记·白起王翦列传》《史记·楚世家》。

文化小常识

先秦时期的姓和氏

姓氏是表明家族的字。先有姓后有氏。姓和氏本有分别，姓起于女系，氏起于男系。后来说姓氏，专指姓。

当同一个祖先的子孙不断繁衍，大家族就会分成若干支，散居各处。这些分支的子孙除保留姓外，还会取另外一个标志性的称号，即氏。一般来说，贵族才会有姓有氏，平民则有姓无氏。氏通常是以其国名、封邑、官名、职业、住地来获取的。像白起的芈姓、白氏，指的是他有楚王的血统，同时他又以白公胜的封号白为氏，表明自己是公子胜这一支的后代。

商周以前，姓用以区别婚姻，故有同姓、异姓之说。氏用以区分贵贱，贵者有氏，而贫贱者则只有姓。秦汉时期，姓和氏的区别已经微乎其微，并渐渐合二为一。

白起的军功

杀人无数的白起必须得死，这是他唯一的出路。

从公元前 294 年到公元前 257 年，白起在沙场演绎了一个战神的传奇。一千多年后，唐朝的曹松用一句经典的诗句来为他的人生做注解：一将功成万骨枯。是的，人如其名——所谓白起，就是踏着累累白骨，一步一步起来的。

《史记·白起王翦列传》里替白起的战功及升迁做了较为明晰的记载：

公元前 294 年，白起为左庶长（秦国军功第十级），攻打韩国的新城；

公元前 293 年，白起为左更（秦国军功第十二级），攻打韩、魏两国，并于伊阙击败韩魏联军，灭敌二十四万。此役夺下五城。白起升为国尉（秦国军政官职，低于军功第十六级的大良造）。他率军渡过黄河夺取韩国安邑以东，到乾河的大片土地。

公元前 292 年，白起为大良造，攻打魏国，夺取大小城邑六十一座。

公元前 291 年，白起与客卿司马错攻下垣城。

公元前 286 年，白起攻打赵国，夺取光狼城。

公元前 280 年，白起攻打楚国，夺取鄢、邓等五座城邑。

公元前 279 年，白起再次攻打楚国，拿下楚国的郢都（今湖北江陵西北），烧了楚国先王的墓地夷陵（今湖北宜昌西南），一直向东打到竟陵，楚王只好向东逃，迁都至陈，秦国便将郢设为南郡。白起升为武安君。他趁势攻取楚地，平定了巫、黔中两郡。

公元前 273 年，白起攻打魏国，取华阳，魏将芒卯逃跑，俘获韩、赵、魏三国将军若干，灭敌十三万。当时，白起战胜赵将贾偃，将两万赵军俘虏直接沉入黄河。

公元前 265 年，白起攻打韩国的陉城，一连拿下五座城邑，灭敌五万。

公元前 260 年，在长平僵持了三年的秦军和赵军同时换将，秦军换上了作战经验丰富的大将白起，赵军却换上了实习司令赵括。结果可想而知。在这场中国历史上第一次大规模的围歼战中，秦军先后杀死赵军四十五万人。赵国的精壮男子几乎被白起杀光了。长平之战是白起战争生涯的巅峰，同时也是他杀人纪录的终结。

根据上述不完全纪录，我们简单相加，白起在三十四年间有据可查的杀敌数量为八十七万。照这样估计，白起整个军事生涯里，杀敌绝对超过一百万。

当然，我们都知道，秦国的军功爵禄制规定，在战场上斩获一个“甲士”（军官）首级，即可获得一级爵位。斩首越多，爵位越高。所以一定有虚报冒领的情形。即便如此，我们还是感到震惊：白起通过战争率军斩杀的人数高达六位数！

他是战神，还是恶魔？

文化小常识

二十等爵

秦孝公任用商鞅变法时，制定的爵位等级，旨在奖励军功，鼓励杀敌。这二十级爵位从低到高分别是：公士、上造、簪袅、不更、大夫、官大夫、公大夫、公乘、五大夫、左庶长、右庶长、左更、中更、右更、少良造、大良造、驷车庶长、大庶长、关内侯、彻侯（后为避汉武帝名讳，改称通侯、列侯）。

二十等爵制是俸禄制取代世卿世禄制的产物，顺应社会生产力的发展，保证了秦国最终战胜六国，实现统一。该制度一直持续到东汉末年。

白起的任性

如果不是秦国的相国应侯范雎向秦昭襄王建议，暂停攻打赵国，同意韩、赵两国割地，白起或许真的要在“战争狂魔”的路上一条道跑到黑了。而促成范雎进言的，则是韩、赵两国派出的使臣苏代。

此后，秦国再度发兵攻打赵国，白起却生病了。代替他的大将王陵不如他，军队推进缓慢。二次增兵后，却折了五校士兵（四五千士兵）。

此时白起病愈，秦昭襄王准备换他上阵。白起的态度却与先前判若两人：“不可发兵攻赵。”秦昭襄王亲自下旨，白起就是不接。他叫相国范雎去请白起，白起还是不答应，后来干脆继续称病。

没有你白起，地球照样转。秦昭襄王将当初长平之战的首任主帅王龁（hé）调往前线。可他就是拿不下赵国的邯郸，又碰上魏国的信陵君窃符救赵，面对赵魏联军，“秦军多失亡”。

在家养病的白起又说了一句话：“秦不听臣计，今如何矣！”这既是事后诸葛亮的风凉话，又充满浓浓的拿糖作醋的酸劲儿。

秦昭襄王当然受不了这样嚣张的臣子，强令白起去前线报到。白起继续递上大夫开的一堆药方：“抱歉，遵医嘱，臣还得休养半年。”应侯范雎再次过府请他，白起躺在床上说：“起不来了。”

大王两次敬酒你不吃，那就等罚酒吧。

于是，白起通过三十多年征战一刀一枪拼来的武安君爵位被剥夺，并被赶出咸阳。他是真的病重，没能马上启程，又在都城住了三个月。

此时，六国联军反攻秦军，前方吃紧的战报不断传来。气急败坏的秦昭襄王命人催促白起即刻启程，不得逗留在咸阳。白起没有办法，领着一家老小离开，走出咸阳西门才十里，秦昭襄王的使者便赶到了，赐给他一柄长剑，叫他自裁，理由是："白起接受搬家命令时，不情不愿，很不服气，多有怨言。"

长平之战后，白起像是变了个人。一反当初绝对服从秦昭襄王的命令，攻必克、战必取，而是反战抗命。王命已至，他再想借病推托是不可能了。白起引剑在颈，说："我对上天有什么罪过，竟要落得这样的结局？"

他这是话里有话。他如同电影《无间道》里黑帮卧底刘建明在自白："以前我没得选择，现在我想做个好人。"因为后面他又

说：“我本来就该死。长平之战，赵国降卒数十万人，我用欺诈之术把他们全部坑杀了，这足够死罪了。”

是的，长平之战结束时，赵国四十万士兵投降。白起却以之前秦军攻下上党，百姓不愿归秦而投赵的情形来推测，这些士兵将来可能会造反，于是哄骗坑杀了四十万降卒。

其时，被巨大胜利冲昏头脑的白起就是一头没有人性的恶狼。白起的这个结局，是他罪有应得。

脑洞大开

白起三年迟迟未愈的，不是身上的疾病，而是心头的阴霾。良心的谴责，道德的拷问，还有公理的探究，搅得白起寝食难安。他突然发现，自己不是战功赫赫的大将军，而是血债累累的刽子手。

回想自己经历的大小七十余仗，白起试图寻找自己的原罪：一切都是为了秦国的强盛，或者说为了更大的统一天下的帝国梦想。

从秦穆公争霸春秋，到秦孝公任用商鞅变法，再到如今秦昭襄王笑傲诸侯，奉行先军政治的秦国就是一辆勇猛的战车，载着历代国君纵横中原，攻城略地。

而孟明视、西乞术、白乙丙、奄息、仲行、针虎，包括白起，还有后来的王翦、李信、蒙毅、蒙恬、章邯……这些百战名将，不过是秦王们手中的利剑长矛。

想到这里，白起似乎一下子明白了孟子的那句话：“争地以战，杀人盈野；争城以战，杀人盈城。此所谓率土地而食人肉，罪不容于死”。（争夺土地的战争，死尸遍布野外；争夺城池的战争，死尸充满城池。这就像是率领土地去吃人，罪行大到就算处死都不够惩罚了。）

“将军百战死”，战死沙场倒是军人的幸运了。如果没有死在疆场，等待他们的则是严厉的惩罚：秦穆公驾崩，奄息、仲行、针虎三位将军竟然殉葬了；白起和蒙恬都做了天子剑下的冤魂；只有章邯不得已投降项羽，最终还是如丧家之犬，在战场上被刘邦逼得自行了断。

所谓“狡兔死，走狗烹”，走狗历来难得善终。不仅因为主子喜怒无常，更是“走狗”一路走来，做了太多坏事。

当初，秦昭襄王以“能抚养军士，战必克，得百姓安集”，封白起为武安君。武安君成了列国中安邦胜敌者的荣誉封号。白起之后，赵国的李牧、楚国的项燕都曾得到“武安君”的封号。

但这实在是一个不太吉利的官爵。白起不幸在前，后来李牧被赵王冤杀，项燕则死于乱军。

关于白起，后世评价多为两个极端：一方同情白起，认为战争的罪过应该记在秦昭襄王身上，而不应全由白起承担；一方则对白起的杀戮行径耿耿于怀，不肯原谅他。而平民百姓则有着最朴素的情感表达。白起死后，秦国百姓觉得武安君冤枉，纷纷立祠为他祭祀。

面对武安君祠堂内兴盛绵延的香火和络绎不绝的善男信女，不知道白大将军在天有灵，该如何反思自己当年的赫赫战功。

范雎：别惹我，小心遭报复

范雎是成语睚眦必报的主人公。睚眦必报的字面意思是说，像被人瞪了一眼那样极小的怨仇也一定要报复。究竟是什么样的深仇大恨，让范雎有如此强烈的反应？是因为范雎心胸狭窄，还是另有原因？在战国诸多风云人物中，范雎的经历可谓一波三折，格外具有传奇色彩。

大难不死

范雎是魏国人，早年周游列国推销自己，但是无人理睬。无奈之下回到魏国，栖身中大夫须贾（gǔ）门下。

一次，范雎跟随须贾出使齐国。使团人员在齐国逗留了几个月，事情办得没头没尾，须贾很郁闷。正要返回之时，范雎却收到齐王赠送的十斤黄金以及牛肉、美酒等礼物。一问缘由——齐王很欣赏他的口才。范雎当然不敢接受，只能一个劲儿地说感谢的话，

本文内容参考《史记·范雎蔡泽列传》。

坚决推辞。须贾听说之后大为恼火，认为范雎有通敌卖国的嫌疑。但是他不动声色地让范雎收下酒肉等礼品，只退还了黄金。

回到魏国，须贾直接把齐王单独送礼给范雎这件事报告给了相国魏齐。魏齐不由分说，命人抓了范雎，板子、荆条一起用上，打得范雎肋骨折了、牙齿也脱落了。为了保命，范雎假装停止了呼吸，被人用竹席卷着扔进了厕所。那些饮宴醉酒的客人还轮番在范雎的"尸体"上撒尿，故意侮辱他。

范雎没有死，奄奄一息的他隔着竹席央求看守："如果你能放我走，日后我一定重重地谢你！"看守看他可怜，便向魏齐请示将席子里的"死人"扔掉。喝醉了的魏齐顺口答应了。范雎算是捡了条命。酒醒之后，魏齐发觉不对，又派人去搜捕。一个叫郑安平的人听到消息，便带着范雎藏了起来，范雎改了一个既普通又俗气的名字：张禄。

这时，秦国使者王稽访问魏国。郑安平装扮成差役，接近王稽。王稽这次来不只是出使，还要寻访人才，所以他向郑安平打听魏国的贤才隐士。郑安平立即回答："我们乡里有位张禄先生想见您，聊聊天下大事。不过他有仇人，白天不敢出来。"于是，双方约定夜里见面。当夜，郑安平引张禄来见王稽。谈话还没结束，王稽就断定眼前之人是位贤才，当即跟他约定了离魏入秦的时间和地点。

王稽完成出使任务，返回秦国时，在约定地点悄悄接上范雎和郑安平，一路顺利入秦。

言听计从

刚到秦国时，范雎被晾了一年多。于是他主动上书，引起了秦昭襄王的注意，朝廷派专车接他入宫。范雎熟知秦国宫廷内部派系之争，还没看到秦昭襄王，便以一句“秦国哪里有王，只有太后和穰(ráng)侯罢了”的狂语直指秦昭襄王痛处，引得秦昭襄王见面就向他躬身施礼。面对秦昭襄王再三求教，范雎又是笑而不答，这更激起了对方的好奇心。直至秦昭襄王保证说会虚心接受所有意见、建议时，他才进入正题，指出秦国近期出兵政策的失误，同时给出了远交齐、楚，近攻韩、魏的战略。几句话就说到了秦昭襄王的心坎里，他直接询问对付魏国的策略。范雎回答：“先以好言厚礼拉拢；不行的话，割地收买；再不行，伺机出兵。”秦昭襄王拍手叫绝，立即任命范雎为客卿。按照范雎的策略，秦军攻打魏国，先取怀邑，之后取邢丘。

搞定魏国后，范雎又劝秦昭襄王拢住最近的邻居韩国。先是派兵切断北面太行山要道，挡住上党南下之兵，再进攻荥阳，使得韩国面临被三分的危险，于是韩国乖乖地做了秦国的跟班。

范雎越来越受到秦昭襄王的信任，他又以齐国、赵国的教训继续劝谏，早日除去宣太后、穰侯、高陵君、华阳君、泾阳君这几个影响君权的权贵势力。于是，秦昭襄王果断出手，废弃了太后，将穰侯等人赶出国都。接替穰侯为相的，便是范雎。同时秦昭襄王将应城封给他，范雎得名“应侯”。

报仇与报恩

时间过去了五年。人们都知道秦国出了个叱咤风云的张相国，却忘记了魏国那个倒霉蛋范雎。面对秦军凌厉的攻势，魏王不得不派须贾出使秦国。得到这个消息，范雎知道自己报仇的机会到了。他把自己化装成可怜兮兮的下人模样，穿着破衣去见须贾。须贾吓了一跳，忙问原因，范雎编了一套瞎话，说自己当年被扔到郊外时没死，流落到秦国，做了有钱人家的差役。

看着范雎的可怜样子，须贾也觉得当初的诬告太残忍，便留范雎一起吃饭，还把自己的一件粗丝长袍送给范雎。席间须贾提到这次出使的任务，问范雎有没有与相国张禄相熟的朋友可以引见。范雎便说自己的主人与相国相熟，可以代为引见。须贾将信将疑，便借口说自己的马病了，车坏了，没法出门。范雎说自己可以借主人的驷马大车来。过了一会儿，他真的驾着驷马大车来了，须贾便坐着他的车直奔相府。

相府里的人见到范雎驾车，纷纷回避，须贾有些诧异。到了门前，范雎让须贾在车上等候，说自己进去通报。他这一进去就不出来了。等了很久，须贾便向守门人打听范雎怎么还不出来。人家回答说这里没有叫范雎的人。须贾觉得更奇怪了："就是跟我一起乘车的那个人啊。"对方说："那是我们的相国张君啊。"

须贾大惊失色，知道被范雎骗了。他赶紧脱掉上衣，光着膀子，双膝跪地前行向范雎认罪。这时堂上高挂着帷幕，侍从分列，范雎高坐当中，威风凛凛。须贾连声叩头，口称死罪。范雎问：“你有多少罪状？”须贾连忙答道：“拔下头发来数我的罪过，都不够数。”范雎指出三条：“你诬陷我暗通齐国，在魏齐面前诋毁我；魏齐肆意侮辱我时，你不加制止；酒醉后，你还往我身上撒尿。”随后，他话锋一转，“今天你送我一件粗丝长袍，说明你还顾念一点点老友的情谊，所以我放你一条生路。”

之后，范雎进宫面见秦昭襄王，汇报了事情的经过。秦昭襄王决定不接见魏国来使，责令须贾回国。须贾灰溜溜地来向范雎辞行，范雎大摆宴席，招待各国使臣。他独独让须贾坐在堂下，只给他一马槽草豆掺拌的饲料，又命两个犯人坐在他两旁，像喂马一样逼着须贾吃饲料。范雎让须贾给魏王带话：“拿魏齐的脑袋来！不然，我荡平大梁！”须贾回国报信，魏齐吓得逃到赵国，躲在平原君赵胜家里。羞辱了仇人须贾，吓跑了仇人魏齐，对恩人王稽和郑安平，范雎也没有忘记。他向秦昭襄王举荐这二人，王稽被任命为河东郡守，郑安平则做了将军。范雎还散发家中财物，报答那些曾经帮助过自己的人。

逼死魏齐

秦昭襄王宠信范雎，打算为他抓住仇人魏齐，便假装要与赵国交好，写信约平原君来秦国访问。平原君畏惧秦昭襄王，只好前来相见。在酒宴上，秦昭襄王直言不讳："范先生于我，如同吕尚于周文王，管仲于齐桓公。他的仇人在您家，希望您派人把魏齐的脑袋送来。不然的话，您出不了函谷关。"

平原君的态度很强硬："魏齐是我的朋友，即使他在我家，我也决不会把他交出来，更何况他根本就不在我家。"

秦昭襄王见平原君不松口，便直接给赵孝成王去信："您的弟

弟在我手上，范先生的仇人魏齐就在平原君家里。您赶快派人拿他的头来，不然，我发兵攻打赵国，您的弟弟也回不去了。”赵孝成王可没有平原君那么多原则，他只关心秦国来不来打赵国，直接派兵包围了平原君的府邸，魏齐趁乱逃到上卿虞卿府中。

虞卿估计自己无法说服赵孝成王，便舍弃了爵位和卿相印信，与魏齐一起逃出赵国，准备通过魏国信陵君的关系投奔楚国。可是得到二人到达大梁的消息，信陵君却犹豫了，害怕秦国找上门来。这时门客侯嬴劝他，既然虞卿能为魏齐抛家舍业，信陵君也不应该将他们拒之门外，否则会被天下人耻笑。信陵君很惭愧，便驱车去郊外迎接他们。可是，惊魂未定的魏齐以为信陵君不肯接纳自己，一怒之下拔剑自刎了。

魏齐一死，赵孝成王派人取了他的人头送到秦国。范雎解恨了，秦昭襄王撤兵了，平原君获释了，虞卿留在了魏国，信陵君放心了，一场争端就这样平息了。

不靠谱的恩人

六年后，秦国在长平大败赵国，进而围攻邯郸。无奈之下，赵国请出纵横家苏代面见范雎，向他陈说邯郸城破的利害，即赵国灭亡，秦昭襄王君临天下，白起成为大秦第一功臣。苏代问范雎：“武安君（即白起）位居三公，您能屈居其下吗？”没等范雎回答，苏代接着叹了口气，好像替他在说，“即便您不甘心，可是事实如此，不得不屈从啊。”范雎的妒火被点燃，于是向秦昭襄王进言，士卒过于劳累，应该与韩、赵两国割地讲和，让士卒休整。秦昭襄王听从了范雎的建议，下令停战，前方的白起非常反感。自此，范雎与白起的仇怨就结下了。

第二年，秦国再度攻打赵国，白起托病不出。秦国进军不利，秦昭襄王再请白起出山，白起仍旧抗命。范雎趁机进谗言，最终逼死白起。之后接替白起的秦军主帅，便是郑安平。这个相国的恩人或许有情有义，可打仗实在是个外行，竟然在绝对优势的情况下被赵军来了个反包围，最终率两万部众投降赵国。

消息传回秦国，范雎知道作为举荐人罪责难逃，便自请治罪。秦昭襄王对他厚爱有加，下令国都内“有敢议论郑安平事件的，一律按郑安平的罪名治罪”，同时赏赐更多丰厚的食物来安抚他。

之后，另一个做河东郡守的恩人王稽与其他诸侯国有勾结，犯法被诛。范雎更加懊恼。

有一天，秦昭襄王上朝时不断叹息，范雎上前询问原因。秦昭襄王说：“六国中，我最担心的是实力强劲的楚国。如今武安君白起已死，而郑安平等人叛变，国内没有善战之将，我因此忧虑。”说者无意，听者有心。秦昭襄王只是想鼓励范雎发掘更多人才，而心中有愧的范雎却听出了责怪之意，同时白起之死也让他看清了秦昭襄王的薄情寡义。不久，他听从燕国人蔡泽之言，让出相位，辞归封地，郁郁而终。

脑洞大开

推动秦朝崛起的六位秦王中，秦昭襄王在位时间最长，功绩也最大，为后来秦始皇统一六国打下了坚实的基础。秦昭襄王时期名臣辈出，范雎常常被我们最先提起。加强王权，瓦解诸侯合纵，蚕食六国……范雎厥功至伟。同时，他的经历又最为奇特，从门客到相国，出生入死，跌宕起伏，宛如一部精彩的电影。

《史记》中说他是“一饭之德必偿，睚眦之怨必报”。报恩和报怨这两笔账在范雎的记事本里标注得格外清晰。为了羞辱仇人，他乔装打扮尽情表演；为了捕杀仇人，国君为他陈兵边境震慑敌国；为了报恩，他又任人唯亲，最终连累了自己。

客观地说，范雎有才，但是少德。与其说他恩怨分明，不如说他是一个偏执狂。早年的受挫经历使他的心灵变得扭曲，习惯以“恶”的眼光来看世界，用恩与仇两个极端来粗浅地定义世事。他不甘人下，妒忌白起的军功，不惜进谗言陷害；他又极度缺乏安全感，最终落寞退场。

人，不论有多大才能，不论经历了多少苦难，内心都应该阳光灿烂。

成语典故

睚眦必报：像被人瞪了一眼那样极小的仇恨也一定要报复，形容心胸极其狭窄。常用于贬义。睚眦，发怒时向人瞪眼睛，借指极小的怨恨。

信陵君：贵族里的侠士

新派武侠小说大家金庸先生的小说《侠客行》带火了李白的一首乐府古诗《侠客行》。这首二十四句的长诗讲述的便是《史记》当中最具传奇色彩的信陵君“窃符救赵”的故事。当一个贵族投身于侠义之道，他便不是一个人在战斗。

优秀的王弟

公子魏无忌是魏昭王的小儿子，魏安釐（xī）王的异母弟弟，因获封信陵（今河南宁陵县），故称“信陵君”。公子无忌仁爱宽厚，礼贤下士，和其他三位战国公子一样，他的门客也有三千之多。

一次，公子无忌进宫陪哥哥下棋。不料北方边境传来战报，说是赵军犯境。魏安釐王便放下棋子，要召集众臣商量对策。公子无忌拉住哥哥说：“是赵王打猎罢了，不是犯我边境。”公子无忌若无其事地接着下棋；魏安釐王魂不守舍，完全没心思对弈。

本文内容参考《史记·魏公子列传》《全唐诗》。

过了一会儿，又有人来报："赵王在打猎，警报解除。"如释重负的魏安釐王很诧异，便问道："你是怎么知道的？"公子无忌回答："我的门客里有高人，可以刺探赵国高层的行踪。赵王稍有动作，我就得到报告了。"公子无忌的情报工作做得如此细致完备，魏安釐王应该高兴才是。可是很不幸，这个哥哥小肚鸡肠，生怕"明星"弟弟更有权势，不再对他委以重任。

侯嬴的考验

哥哥害怕贤臣，弟弟则是求贤若渴。他听说都城大梁东门的守门人侯嬴是有才有德的老隐士，于是就带着厚礼登门拜访。没想到侯嬴很有个性，说："我几十年来修身养性，不能因为是贫穷的看门人就接受公子的厚礼吧。"虽然礼物没有送出去，但是信陵君认定侯嬴是个能人。

回到府里，信陵君大摆酒席，宴请众多宾客。当大家坐定之后，信陵君却起身驾着车马，亲自去东城邀请侯嬴赴宴。盛情难却，这次侯嬴不再推辞，而是整了整破衣破帽，径自上车坐到信陵君左手边的位子上。信陵君很高兴，手握缰绳亲自驾车。

车行没多远，侯嬴说："我有个朋友在市场开肉铺，麻烦公子拉我去拜访一下他。"信陵君立即驾车直奔市场。到了肉铺，侯嬴下车去找他的朋友朱亥，故意慢条斯理地站在那儿与朱亥聊天，

同时眯着眼睛暗暗观察在一旁等候的信陵君。只见信陵君和颜悦色，丝毫无焦躁之态。

此时在信陵君府上的宴会厅里，魏国的卿相将佐、宗室贵族济济一堂，都在等信陵君回来开席；街市上的百姓看到信陵君手持缰绳替侯嬴驾车，也觉得新鲜，在一旁指指点点；信陵君的随从早就不耐烦了，纷纷在心中暗骂侯老头儿不懂事。所有人都不明白肉铺前这一幕究竟演的是哪一出。只有谈笑自若的侯嬴和心如止水的信陵君心有灵犀，二人相视一笑，告别朱亥，上车回府。

当信陵君领着衣衫破旧的侯嬴坐到上位并隆重介绍时，全场愕然，大家不知道这个老头儿究竟是何方神圣。酒酣之际，信陵君起身向侯嬴敬酒。侯嬴起身还礼道：

“恕我今天为难公子了。我只是东门一个卑微的看门人，公子屈尊驾车来接我。我本不该去见朋友，可是公子竟然陪我去了。我想成就公子的好名声，故意让您在街市等候，借此观察您的反应，结果您更加谦恭。现在天下人都认为我是小人，公子是礼贤下士之人了。”

侯嬴随后向信陵君推荐朱亥：“他是不为人知的贤才，只不过隐没在屠夫当中罢了。”随后信陵君多次前往拜访，可是朱亥并没有对他有所答谢。

侯嬴的计策

公元前257年，秦军在长平大破赵军，顺势派兵围困邯郸。赵国公子平原君是信陵君的姐夫，他派人给魏安鳌王和信陵君发去求救信。魏国派晋鄙领兵十万前去救援赵国。秦昭襄王闻讯派出使者威胁魏安鳌王，于是晋鄙接到命令，把军队驻扎在位于边境的邺城，静观事态变化。

赵国平原君心急如焚，不断派人催促救援。信陵君屡屡请求哥哥下令进兵，魏安鳌王不听。

信陵君不再奢望。回到家中，他召集宾客，凑了百十辆战车。于公，他不忍看着赵国灭国；于私，他不忍看着姐姐受辱。既然说服不了哥哥，他只能以死相拼去救赵国、救姐姐。

车队经过大梁东门时，信陵君拜见了侯嬴，说明此行的目的。侯嬴拱手道："公子努力做吧，恕我不能随行了。"车队走出几里地，信陵君对侯嬴的平淡态度耿耿于怀："诀别之际，他竟然没有只言片语送我，难道是我怠慢他了吗？"于是折返回去。

侯嬴已经微笑着等在那里："我就知道公子会回来。您带这点儿人马去跟秦军拼命，如同羊入虎口，起得了作用吗？"

信陵君听出侯嬴的弦外之音，连拜两拜，说："请先生明示。"

侯嬴支开旁人，引信陵君入室密谈："据说可调遣大军的另一半虎符常放在大王的卧室里，大王最宠爱如姬，她出入卧室方便，完全有可能偷出虎符。"信陵君一惊，侯嬴这是要把他逼上欺君叛国的绝路。

侯嬴继续说："听说如姬的父亲被人谋杀，是公子派门客杀了她的仇人。如果公子求如姬帮忙，她一定不会拒绝。拿到虎符，夺下晋鄙的兵权，北救赵国，西御强秦，这可是春秋五霸的功业啊。"

信陵君眼前一亮——最要命的办法往往最行之有效。

文化小常识

虎　符

虎符是古代君王授予臣属兵权和调兵遣将用的兵符，用青铜做成伏虎形状的令牌，分为左右两半，其中一半交给将帅，另一半由君王保存。只有两个虎符合并使用，持符者才有调兵遣将之权。

朱亥的铁椎

一切如侯嬴所料，如姬答应信陵君的请求，盗出了虎符。拿到虎符的信陵君准备上路，侯嬴叮嘱道："将在外，君命有所不受。公子到了前线，即便两符相合，晋鄙有可能还是不交兵权，反倒要请示大王，那样的话就危险了。朱亥可以随您前往。他是大力士，如果晋鄙听从，最好；如果不听，就让朱亥当场击杀他。"

闻听此言，信陵君眼泪汪汪。

侯嬴不解地问："公子怕死吗？"

信陵君长叹一声："晋鄙是沙场宿将，此去如果他不听命令，必死无疑。我是替他难过啊。"

接着他去请朱亥。一直冷面相对的朱亥此时满面春风，说："我只是个杀猪的屠夫，公子多次登门问候，我之所以不答谢您，是因为那些小礼小节不值一提。如今您有了急难，我为您杀身效命的时机就到了。"二人随即动身，向侯嬴辞行。侯嬴向信陵君躬身施礼道："我本应随您一同前往，无奈年老体弱。我会计算您的行程日期，您到达晋鄙军营的那天，我自当面向北方自刎，来报答公子的大恩。"

二人到达邺城魏营，信陵君出示虎符，假传王命由自己来代替晋鄙指挥全军。晋鄙合上虎符，验证无误。但他还是怀疑，拒绝接受命令。一旁的朱亥取出藏在衣袖里重达四十斤的铁椎，当场椎杀晋鄙。

信陵君接管了大军，下令："父子都在军中的，父亲回家；兄弟同在军中的，兄长回家；家里的独生子，赶紧回家奉养双亲。"经过整合，选出八万精兵直扑邯郸，秦军胆怯，解围撤离，邯郸得救。赵孝成王和平原君赶到郊外迎接信陵君。赵孝成王冲着他连拜两拜："自古没有一个贤人比得上公子。"后来信陵君得知，当他和朱亥到达邺城军营的那一天，老侯嬴真的北向刎颈而死。

公子复出

虽然救赵成功，但是信陵君很清楚，自己窃取虎符、临阵杀将、抢夺兵权……数罪并罚死几回都不够，肯定不能回魏国了，于是让部将带着军队回国，自己和门客们落寞地留在了赵国。

十年之后，秦国发兵攻打魏国。魏安釐王焦急万分，奉还了信陵君的信陵邑，并派使臣到赵国请他回国。信陵君思念故国，但是更担心哥哥会秋后算账，于是不准门客接待魏国使者。

这时，他在赵国新交的两个门客毛公和薛公劝他："公子之所以在赵国受到尊重，就是因为魏国存在。现在秦军攻打魏国，您不顾念故国，如果大梁城破，魏氏宗庙被夷平，公子还有什么脸面活在世上？"一句话戳中信陵君的痛处。对于信陵君这样的大丈夫而言，家国社稷永远比个人生死更重要。他立即吩咐车夫套车回魏国。

当魏安釐王见到信陵君时，兄弟俩相对无言，抱头痛哭。大敌当前，那些个人恩怨都直接化作了同仇敌忾。魏安釐王将上将军印授予弟弟。

"信陵君重归魏国，成为魏军统帅了！"这条消息迅速传遍各国。诸侯们素来敬仰信陵君的才德，纷纷调兵救援魏国。信陵君率领魏、韩、赵、楚、燕五国联军大败秦军，乘胜追至函谷关。公子魏无忌再度名震天下。

信陵君之死

龟缩在函谷关内的秦军决定用离间计扳倒信陵君。他们派人带着万金来到魏国贿赂晋鄙原先的门客，让他们在魏安釐王面前进谗言，说诸侯现在只知有魏公子，不知有魏安釐王，而公子无忌也有意自立为王。

兵临城下的危机解除了，魏安釐王的心魔又开始作祟了。原本就妒忌弟弟的他越来越觉得信陵君就是要抢夺自己的王位，于是撤了公子无忌的上将军职务。函谷关外的五国联军瓦解。

信陵君知道，自己又一次被边缘化了，但身心俱疲的他已经没有反抗的心力了。他托病不朝，整日用酒精麻醉自己。那个曾经义薄云天的奇男子终究抵挡不过庸碌的君主和衰败的国运，沦为酗酒无度的浪荡儿。四年后，信陵君死于杯盘之间。哥哥魏安釐王于同年去世。

公子无忌既死，面对秦军的进攻，魏国一连丢失了二十座城池。再过十八年，魏国亡。

脑洞大开

“战国四公子”在《史记》中均有列传，信陵君这篇最长，并且题目叫《魏公子列传》，没有直言信陵君。不仅如此，文中关于信陵君的称谓均为“公子”，足见太史公司马迁对魏无忌的敬慕。

信陵君是贵族里的异类，他更像是顶着贵族名号的侠士。他的朋友里没有养尊处优的贵族，只有忠肝义胆的侠士。危急时刻，他两度出手，救赵救魏，将个人生死抛诸脑后，一如李白《侠客行》诗中所写：“纵死侠骨香，不惭世上英。”正是骨子里的英雄气概，才让他赢得了侯嬴、朱亥这些侠士，甚至宠妃如姬的仗义相助。

李白说：“事了拂衣去，深藏身与名。”信陵君是绚烂的，更是寂寞的。救赵功成，他不能归国，客居他乡十年。大破秦军，他又被解除兵权，郁郁而终。现实无奈，信陵君只能在传奇里不朽了。

信陵君窃符救赵的第二年，他的一个铁杆粉丝出生，此人叫刘邦。十三岁时，刘邦前往大梁准备投到信陵君门下，不料信陵君已经去世，刘邦便投奔了信陵君之前的门客张耳。多年以后，刘邦、张耳共同反秦，成就了一番事业。刘邦做了皇帝之后，专门在大梁安置了五户人家，让他们看守信陵君的坟墓，世代不离。

吕不韦：押中了开头，输掉了结局

吕不韦年轻时靠着“低价买进，高价卖出”的模式，积累起千金的家产，成为阳翟一带著名的大商人。

文化小常识

千 金

千金，一般用来形容钱财很多。这里的金，并不是指黄金，而是指黄铜。春秋战国时期货币的单位并不是斤，而是镒（yì）。秦朝规定一镒为一金，而一镒为二十两或二十四两。汉朝之后才规定一金为一斤，而一斤合十六两。

充满野心的计划

往来各国的吕不韦有一次前往赵国邯郸做生意，遇上了困窘不堪的异人。

本文内容参考《史记·吕不韦列传》《战国策·秦五》。

这个穷小子可不是普通人，他是当时的秦昭襄王的孙子。秦国的王孙缘何落魄地生活在赵国？

异人的父亲是秦昭襄王的次子安国君。安国君有二十多个儿子，异人排行居中，才智并不突出。于是，这样一个庶出的王孙被派到赵国做质子（人质）。尽管在他十七岁时，父亲安国君被立为太子，但是这些都与远在邯郸的他毫无关系。当时秦国和赵国之间多次发生战争，所以异人不仅处境危险，而且生活窘迫。

当三十岁的吕不韦遇见二十岁的异人时，一个充满野心的计划开始启动：在商人吕不韦眼里，落魄王孙异人就是一件目前值得投资购进，将来可以高价售出的稀缺商品（此奇货可居）。

事关重大，吕不韦回家与父亲商量："耕田可获利几倍？"父亲答："十倍。"吕不韦又问："贩卖珠玉可获利几倍？"父亲答："百倍。"吕不韦三问："经营政治，拥立国君，可获利几倍呢？"父亲沉吟片刻，说："无数。"父亲的话让吕不韦吃下了定心丸，他决心投资异人。

面对不速之客吕不韦的"我能光大你的门庭"的请求，异人觉得这是拿自己开涮："你先光大自己的门庭，再来光大我的门庭吧。"

吕不韦不慌不忙地说："我的门庭光大要等您的门庭光大之后才可以实现。"异人听出他话中有话，便引他入密室深谈。

吕不韦单刀直入，直击异人的痛处："您的爷爷、当今秦王已经六十多岁了，您父亲被立为太子，不久就会继承王位。您的兄弟有二十多人，您如何与他们争夺太子之位？"

看着异人肯定的眼神，吕不韦给出了自己的方案：安国君宠爱的是华阳夫人，而华阳夫人没有子嗣，所以必须结交华阳夫人，进而取得安国君的信任，最终从一堆兄弟当中脱颖而出，被立为王位继承人——这绝对是一个有野心的计划！

异人向吕不韦叩头拜谢："如果能实现您的计划，我愿意将秦国的土地与您分享。"

两个关键的女人

吕不韦把家底全部掏出来了。他先交给异人五百金，让他扩大宅邸，购置车马，充分包装自己，同时结交邯郸各界名流，在赵国打出知名度，并迅速传遍各诸侯国——当然老家咸阳也在其中。

接着，吕不韦用剩下的五百金买来奇珍异宝，由他亲自带着前往秦国替异人公关。吕不韦很清楚，自己一个商人无法直接面见尊贵的华阳夫人。于是他先拜见华阳夫人的姐姐，一面奉上珠宝，一面直言："聪明贤能的异人日夜思念安国君和华阳夫人，并且他还改名子楚，希望成为来自楚国的华阳夫人的养子。"

日渐年老的华阳夫人很清楚，在安国君百年之后，自己极有可能被冷落，进而影响整个家族的荣华富贵。如今远在赵国的异人主动找上门来，要与自己在秦国政坛结成攻守同盟，何乐不为？在她的努力下，安国君刻下玉符，立子楚为继承人。

子楚十分感激吕不韦。他哪里知道，吕不韦不过是借他抄了

秦国政治的大底，这只是吕不韦抄底计划的第一步。

一次，在吕不韦家的酒宴上，子楚看上了一个能歌善舞的舞姬，主动向吕不韦要人。吕不韦当时并不高兴，但拗不过子楚软磨硬泡，最终将这名美女送给了子楚。一年后，此女生下一子，取名嬴政，子楚非常高兴，立此女为夫人。

显然，这个女子是吕不韦有意安排的。从太子之位到夫人、儿子，曾经的嬴异人现在的嬴子楚拥有的一切都是吕不韦的功劳，吕不韦已经将自己和秦国王室牢牢绑在了一起。

司马迁在《史记》中提到，吕不韦进献美女时，已知她怀有身孕，所以嬴政就是吕不韦的儿子。这种说法站不住脚。如果吕不韦有进献孕女的想法，他如何判定这个孩子一定是男孩，而不是女孩？现代科学都无法做到在孕妇怀孕最初几周鉴别胎儿性别，更别说是两千多年前的战国了。吕不韦不可能冒这种只有百分之五十的成功概率的险。所以，我们不用争辩嬴政是早产还是足月出生这样的专业医学问题，因为他就是子楚的儿子。

志得意满

嬴政三岁那年，秦军攻打赵国，吕不韦买通看守城门的人，和子楚一起逃出邯郸并回国，而嬴政母子则在姥姥家亲属的帮助下，转移隐蔽，九死一生。六年后，秦昭襄王去世，安国君继位，华阳夫人为王后，子楚为太子。这时，劫后余生的嬴政母子才得以回国。从这段故事我们也可以看出，吕不韦并不以嬴政母子为念，他眼中最大的希望是子楚。这同样可以反证嬴政不是他的儿子。

事态越来越有利于子楚。安国君竟然即位三天后便去世了，子楚立马即位。他遵守承诺，封吕不韦为相国、文信侯，把洛阳的十万户作为他的食邑。

谁也没料到，子楚只做了三年秦王也去世了。于是，那个叫嬴政的孩子做了秦王，尊吕不韦为相国，叫他“仲父”。这时吕不韦家的仆人已达万人。

吕不韦用一千金、一个女人，花十余年时间成为秦国的相国，他的抄底行动果真是史上投资回报率最高的生意！

今非昔比的他也需要以特别的方式来彰显自己的富贵。其他各国贵族的门客数以千计，吕不韦的门客同样有三千之多，他命这些门客将行走列国的见闻一一记录下来，然后由专人编辑成八览、六论、十二纪，总计二十余万字。吕不韦非常得意，认为这部书包含了天地万物、古往今来的所有事理，将其定名《吕氏春秋》。以自己的姓氏来命名书籍已是狂妄，但他还不满足，命人将书简张贴在咸阳城门之上，同时悬挂千金，宣称：欢迎各诸侯国的游士宾客前来批评指正，凡能增删一字者，给予千金奖励。这便是“一字千金”的典故。

布告张贴多日，无人前来批评指正，吕不韦更加得意。殊不知，这是因为大家畏惧吕氏的权势，不敢出头多事，并非《吕氏春秋》无懈可击。

恩断义绝

吕不韦计划得再周密，也没能料到身边的“队友”出了问题。

秦王子楚死后，寡居的太后耐不住寂寞，便去找曾经的情人吕不韦。年近半百的吕不韦当然不愿跟太后玩这种低级无聊的游戏。他找来一个叫嫪毐（lào ǎi）的年轻人假装宦官进宫去取悦太后。结果嫪毐不仅跟太后生了两个孩子，而且获封侯爵，权倾后宫。

纸包不住火。嫪毐和太后的丑事被人告发，秦王嬴政派专人调查，弄清事情原委，还牵扯出了吕不韦。嫪毐正要起兵作乱，被嬴政察觉，出兵剿灭。受到牵连的吕不韦被免去相国之职，打发回封地河南（今河南洛阳）。

此时嬴政二十三岁，即位已经十年，嫪毐之事固然龌龊，让王室声誉蒙羞，但是嬴政更不能容忍的是在自己头上指手画脚的仲父。借处理此事，他正好将太后和吕不韦移出权力中枢。偏偏吕不韦已经陶醉在权力的游戏里不能自拔，舍不得放手。虽然幽居河南，可是各国的宾客使者还是络绎不绝地前来拜访他。这让嬴政格外反感，他担心吕不韦会借机发动叛乱，便发去一封言辞极为严厉的书信："你对秦国有什么功劳？秦国给了你河南的封地，食邑多达十万户。你跟秦王有什么血缘关系？我要称你仲父。你带着家眷迁到蜀地去！"

这封信传递的信息只有四个字：恩断义绝。秦国朝廷与吕不韦的关系，嬴政与仲父的关系，吕不韦与太后的关系，全都一刀两断。

吕不韦突然发觉自己一无所有了。当年他倾千金经营的大生意瞬间崩盘，亏得血本无归。如今的他如同一个押上全部家当却输光了的赌徒，根本没有翻盘的可能。他一生精明，贩贱卖贵，从未失手，却没料到这最大的一单生意成了最后一单生意。从市井走上政坛巅峰的吕不韦根本接受不了这个残酷的现实，他也无法再回到坐贾行商的世俗生活。脆弱的吕不韦生无可恋，饮下一杯鸩酒。

脑洞大开

吕不韦的成功在于时机把握得好。他在正确的时间、正确的地点，选择了正确的投资对象——秦国王孙异人，并进行了一系列正确的操作：敢于舍出千金，换得异人上位，回报丰厚。

吕不韦的失败在于不舍。子楚去世之时，即是吕不韦本次投资活动的完结之际。如果他及时抽身退出，那么极有可能保后半生衣食无忧，平安无事。但是他不甘心就这么匆匆离场，他希望继续控制嬴政这个年轻人。他错了。嬴政与他并无感情，有的只是代沟和厌恶。

并且政治不是经商，光有精明远远不够。所以政治“暴发户”吕不韦只会叫人写好《吕氏春秋》到处显摆，让国君反感，让旁人嫉妒，最终为自己招来杀身大祸。

经商时，吕不韦总是贩贱卖贵，通过短线操作实现获益。可是换到政治上，他却忘记了自己的这一原则。一旦恋战权力场，他便被深度套牢，万劫不复。

成语典故

奇货可居：原指把稀有的货物囤积起来，等待高价出售。后常比喻凭借某种技艺或事物作为资本以捞取功名利禄。奇货，珍奇的东西。居，囤积。

一字千金：一个字价值千金。秦相吕不韦叫门客编了一部《吕氏春秋》，书成后公布于咸阳市门，称有能增减一字的，就赏给千金。后来用“一字千金”称赞诗文精妙，价值极高。

李斯：精致的利己主义者

还在做基层小公务员时，李斯就已经明确了自己的人生目标：做仓鼠，不做厕鼠。貌似很有主见，实际他已经为自己做出了职场定位：不论处在什么位置上，他都不过是鼠辈一个。

靠才华步步高升

有了目标，李斯便辞了楚国的公职，前往齐国跟随荀子学习。荀子是战国时期和孟子齐名的儒家代表人物，他的思想更接近法家。他的学生中最著名的便是李斯和韩非，偏偏这二位后来都成了法家学说的实践者。学成之际，李斯仔细分析了各诸侯国的实力，认定秦国才是建功立业的最佳平台。辞别老师即将西行之时，李斯感慨地说："人最大的耻辱莫过于卑贱，最大的悲哀莫过于贫穷。"

在秦国，李斯投到相国吕不韦的门下，受到赏识，做了郎官，

本文内容参考《史记·李斯列传》《史记·秦始皇本纪》。

也就有了当面游说秦王嬴政的机会。他趁机向嬴政献计，派人携带金玉珍宝前往函谷关以东各国，或收买名臣，或刺杀高官，离间各国君臣关系。结果，收效良好，于是他晋升为客卿。

秦国在六国实施间谍战，六国也对秦国如法炮制。韩国派水工郑国到秦国，鼓动秦王修建水渠，借机削弱秦国的人力、物力。不久，郑国的企图被发现，秦国的王公大臣纷纷建议嬴政，为保证秦国的稳定，将外来的所谓贤臣、客卿一律驱逐。楚国籍打工仔李斯正在其中。

为了自保，李斯写下了著名的《谏逐客书》。这家伙确实有才，面对秦国朝廷上下一致的排外情绪，他巧妙地避开在“逐客”这一具体法令上就事论事，而是站在秦国要统一天下的政治高度，分析逐客的得失利弊。从历史里找论据，在现实中举例子，从正反两方面展开论述，逻辑严密，推论合理，最终打动嬴政，让其收回成命，废除逐客令。李斯不仅留下了一篇流传千古的雄文，并且还为自己在秦国政坛的地位加上了一枚重重的砝码——升任廷尉（掌管刑狱的九卿之一）。

杀同窗，没商量

李斯在秦国政坛干得风生水起，而他的同窗韩国公子韩非在著书立说方面同样成就颇丰。韩非善于研究刑名法术之学，他考

察古往今来的历史得失，写下了《孤愤》《五蠹(dù)》《说难》等著作。

韩非的文章传到秦国，秦王嬴政读后感叹道："我一定要见到这个人，并且与他交往。如此就是死了，此生也无憾了。"为此，秦国发兵攻打韩国。韩王顶不住压力，便派韩非出使秦国。秦王与韩非一番畅谈，非常高兴。

眼见韩非就要被委以重任，李斯不高兴了。他知道自己的才干不如韩非，如果韩非被重用，那势必会影响自己未来的仕途。只关心自身利益的李斯决不允许韩非染指秦国政坛，触碰自己独享的名利奶酪。于是他向嬴政进言："韩非是韩国贵族，在秦国与韩国的争锋中只会向着韩国，不可能真心帮助秦国。这样的才子很危险，放他回国后患无穷。"接着，他恶狠狠地建议，"给韩非一个罪名，依法处死。"

嬴政当时觉得李斯说得有理，便命司法官吏给韩非定罪。李斯紧随其后派人去监狱给韩非送毒药，逼他自杀。韩非觉得事情蹊跷，要见嬴政申辩，可是根本没有可能。

嬴政终究还是爱惜韩非的才干，思前

想后觉得不妥，立即派人赶去赦免韩非。那人紧赶慢赶，看到的却已经是一具冷冰冰的尸体。一旁的李斯委屈地说："我是奉王命处决韩非的啊。"

公元前221年，"六王毕，四海一"，秦王嬴政称始皇帝，李斯被任命为丞相。他的儿子们娶的是公主，女儿们嫁了皇族子弟。一次，他的长子、三川太守李由请假回咸阳，李斯在家中设宴，文武百官都来庆贺。看着府门前数以千计的车马，李斯感叹道："我原是上蔡的布衣黔首，一介平民，皇帝不介意我才疏学浅，把我提拔到这样高的位置。如今我位极人臣，富贵荣华到了极点。"这时，他突然想起老师荀子曾告诫他的话："物禁大盛（做事不要太过头了）。"一种莫名的伤感油然而生："物极则衰，我的归宿在哪里呢？"

李斯的担忧不是没有根据，但是他并不知道如何规避风险。当风险出现时，他的表现最终让自己家破人亡。

政治"黑客"赵高

嬴政做了十二年皇帝，病逝在出巡途中的沙丘。临终前，他让宦官赵高写好给公子扶苏的诏书，让扶苏赶快从长城赶回咸阳安葬自己，然后继位。信写好了，还没交给使者，秦始皇就去世了。秦始皇突然去世，又没有正式确立太子，出于安全考虑，李斯决定暂时封锁消息，将秦始皇的遗体放在既保温又通风的辒辒(wēn liáng)(古代可以卧的车，也用作丧车) 中，日常百官奏事和进献饮食照旧，由赵高等少数几个知情的宦官假托秦始皇在车中批奏公事。

李斯的决定看似稳妥，实则有一个大大的漏洞——所有事物均由宦官赵高经手。

而赵高不是一个省油的灯。

他是赵国人，兄弟几人从小便受刑成为宦官。赵高为人机灵，办事麻利，秦王嬴政让他侍奉公子胡亥。精通刑狱法令的赵高常常教胡亥判决诉讼，算是胡亥的老师。赵高曾犯重罪，嬴政命人依法惩处，最终念及赵高之前办事勤勉，还是赦免了他。

秦始皇在沙丘病逝，李斯决定秘不发丧，这让赵高动起了歪脑筋。

赵高扣留了秦始皇的遗诏，对胡亥直言："你哥哥如果接到诏书，回来继位做皇帝，你连尺寸封地都没有了。现在天下大权就掌握在你、我和丞相李斯三人手里。"

对于皇位，年轻的胡亥当然有想法，但是他觉得这样夺权是不义、不孝和无能的表现，不敢尝试。赵高摆出长者的姿态，力劝胡亥"成大事者不拘小节"。胡亥原本就是一个没有原则的人，经赵高一番鼓动，便答应了。

接下来，改诏篡位行动还需要第三个人李斯的配合。对于这个别人眼里高高在上的丞相大人，赵高早已将其看穿。

李斯的软肋

赵高与李斯的密谈开始得简单而直接:“皇帝去世,遗诏未送,都无人知晓。现在遗诏和玉玺都在胡亥手里,立谁为太子,只在我们俩的一句话。您说怎么办?”

李斯大惊道:“你怎么能说出这种亡国之语?这不是人臣该议论的事!”

赵高不慌不忙地抛出五个问题:“您与蒙恬将军,谁的能力强?谁的功劳大?谁更有谋略?天下百姓更拥戴谁?你们俩谁与公子扶苏的关系更好?”

李斯摇摇头说:“既然你认为我不如蒙恬,那么你何必苛求于我?”

“我只是皇帝驾前的一个奴才,进宫二十多年了,还未见过被罢免的丞相、功臣有好结果的。扶苏即位后,一定会任用蒙恬为丞相。到时您能否顺利地退职还乡,都要打个问号。”赵高换了一种和缓的语气继续说,“我奉皇命侍奉胡亥好几年了,没见他有什么过错。在皇子当中,没有人能比得上他,他可被立为继承人。您再考虑一下吧。”

李斯仍旧摇头说:“我只执行皇帝的遗诏,命由天定,有什么好考虑的?你不要再说了,不要逼我!”

赵高仍旧不动声色地说:“我听说圣人并不循规蹈矩,而是顺应潮流。如今天下的权力和命运都掌握在胡亥手里,我赵高能猜出他的心志。您怎么就看不明白呢？”

李斯说出了自己的担心：“当年晋国换太子，三代不宁；齐桓公兄弟争位，哥哥公子纠被杀；商纣杀死叔父比干，不听臣下劝谏，最终危及社稷，这三件事都是违背天意的逆行，我怎么能参与这样的阴谋？”

“上下齐心，可保事业长久；内外配合，不会出现差错。您听从我的计策，就会长保富贵，并且世代相传。”赵高已经不耐烦了，祭出了撒手锏（jiǎn），“现在您放弃这个机会，不听我的劝告，一定会祸及子孙。善于为人处世、相机而动的人才能转祸为福，您想怎么办？”

荣华富贵和子孙后代，的确是李斯的软肋。他无论如何都不愿再回到上蔡，让子子孙孙继续过穷困不堪的生活。他仰天长叹道：“哎呀，偏偏逢着乱世，既然不能以死尽忠，我又能向何处寄托残生呢？”说着，几滴眼泪适时落下，仿佛替他的苟且偷生尽力做着解释。

三个人一拍即合，伪造了始皇帝立胡亥为太子的诏书，同时还伪造了一份赐死的诏书给公子扶苏和将军蒙恬。迂腐的公子扶苏接到诏书，毫不怀疑，立刻自杀，将军蒙恬被捕。

解决了后顾之忧，胡亥在咸阳即位，任命赵高为郎中令，李斯仍为丞相。这场阴谋当中，胡亥和赵高都是受益者，李斯却像是打酱油的配角，没有得到任何实际的好处。

临死前的愿望

朝廷被胡亥和赵高掌控，李斯这个丞相完全没有了话语权。对胡亥和赵高来说，李斯没什么用处了，当然得靠边站。年轻的皇帝沉溺于酒色，军国大事交由赵高处理。

李斯当然不甘心。见不到皇帝，他便上书揭发赵高专权。当局者迷的李斯犯了疏不间亲的大忌。在胡亥心中，赵高的分量比他李斯要重得多。而赵高早已在胡亥面前恶人先告状，告李斯父子串通起义军谋反。于是，胡亥下令逮捕李斯，由赵高亲自审理此案。

事到如今，李斯对参与“沙丘之谋”后悔不已，可是又有什么用呢？重刑之下，他只能违心地承认谋反的罪名。他觉得凭着自己的功劳，还有免罪复出的可能。他在狱中给二世皇帝上悔过书，历数自己的七条罪状。他再度采用当年《谏逐客书》的手法，正话反说，看似检讨，实则陈述自己的功劳。奏书被呈到赵高手里，直接成了垃圾。

上书石沉大海，赵高的审问却夜以继日，真真假假，威逼利诱。七旬老人李斯最终扛不过审讯，对

所有指控供认不讳。

咸阳街头，李斯与次子一同被绑赴刑场。将死之际，李斯回头看着儿子说："我多想和你再牵着当年那条大黄狗，一同出上蔡东门去打兔子啊。"再看看一旁凶神恶煞的刽子手和冷森森的斧钺，李斯失声痛哭，"可是又怎么可能办到呢？"李斯父子被腰斩，同时他的族人也全部被杀。

脑洞大开

李斯是精致的利己主义者的代表。他最大的优势是智商高，甚至可以说是才华横溢，但是他一切活动的出发点和目的却是利己。于是，这才华变得不堪了。说他精致，是指他看似有追求、有品位，一言一行都有理有据；实际上他更像一个天生的演员，善于表演，懂得配合，是个卑鄙小人。

回顾李斯的一生，所有奋斗都是为了荣华富贵，没有是非标准，只以自我为中心。对韩非，他是充满愧疚的。可是，再好的同窗也不过是他仕途上的冤魂而已。至于沙丘密谋，那属于内部争斗，不论谁坐江山，只要有他的高官厚禄便可以。

在太史公司马迁的笔下，厕鼠与仓鼠的命题贯穿李斯一生，他的仕途看似兢兢业业，实则蝇营狗苟。眼界限制了他的格局。即便遇不到赵高,李斯也成不了秦国的中兴之臣。因为一朝天子一朝臣。始皇帝一去世,李斯便成了过街老鼠。即便没有沙丘之变,扶苏可以顺利即位,李斯也会如赵高所言,落寞退场,甚至是身败名裂,然后被扫进历史的暗角。

当初学成出山之际,李斯对老师荀子说:“诟莫大于卑贱,而悲莫甚于穷困。”在他看来,人生最大的耻辱是卑贱,最大的悲哀是穷困。显然,物质上的卑贱和穷困是他最恐惧的事。假如可以穿越,我想对李斯说:“善良比才华更可贵,卑鄙才是人生最坏的捷径。”

如果没有太多私心和野心,也许他的人生会淡泊而不失风雅,也许他会以书法家、文学家这样更具人文气息的历史定位留名史册,也许他的晚年真的可以与儿子们一起快乐地“牵黄犬出上蔡东门逐狡兔”。

成语典故

布衣黔首:以黑布裹头。指平民。黔,黑色。

侠士之死

提起侠士、游侠，人们脑海中总会浮现出金庸的武侠小说中行走江湖、快意恩仇的侠客形象。小说里的是侠客，真实的侠士更多追求的是侠、义、道。真实的侠士或许没有小说中的人物霸气，但是平常的形象更显亲切；侠士的经历并非都惊天动地，在寻常巷陌间也许更显英雄本色；真正的侠士将“轻生死、重然诺、救人于危难”的大义贯穿到日常行为中了。

救人

朱家可能是最不像侠士的侠士了。

他出生在战国末期的鲁地，在儒学思想浓郁的氛围里成长为一名特立独行的侠士。朱家家境贫寒，家无余财，身上的衣服破旧，连块完整的花纹都找不到。他每顿饭只吃一样菜，出门只坐得起牛车。就是这样一个穷困潦倒的人，却乐善好施，仗义疏财，

本文内容参考《史记·游侠列传》《史记·田儋列传》。

把急人所急当成了家常便饭。被他藏匿、搭救的豪杰数以百计，至于普通人就更难以计数了。尽管做了这么多善事，但是朱家从不声张，甚至不愿再见被自己救助过的人。

项羽败亡后，他的手下大将季布遭到悬赏通缉，躲在濮阳一户姓周的人家。这个周姓主人害怕官府上门搜捕，给季布出主意，叫他把头发剃掉，再用铁箍束住脖子，穿上粗布衣服，然后把他和几十个奴仆一起卖给鲁地的朱家。

朱家久历江湖，认得季布，便不动声色地买下了“奴仆”季布，安排他在田里耕作。朱家告诫儿子：“田间耕作的事，都要听这个仆人的，你们俩在一个锅里用餐。”

朱家前往洛阳拜见汝阴侯夏侯婴。酒席间，他问：“季布犯了什么大罪，皇上要这样急迫地追捕他？”夏侯婴回答：“当初在战场上季布多次让皇上难堪，所以皇上一定要抓住他才解恨。”朱家追问：“您觉得季布是怎样一个人？”夏侯婴道：“一个有才能的人。”

朱家说：“楚汉相争时，季布做的是各为其主的事。现在天下初定，仅仅凭着私怨去追捕一个有才能的人，如何向天下人显示当今皇上的器量呢？季布是能臣，如果朝廷逼急了，他不是向北逃往匈奴，就是向南逃往百越，这不是为敌人输送良将吗？您为什么不找机会去劝说皇上呢？”

夏侯婴不傻，已经猜到季布就藏在朱家那里，便答应了朱家的请求。之后，他寻找机会按朱家的意思向刘邦上奏，皇帝真的赦免了季布。季布被皇帝召见，表示服罪，被任命为郎中。

季布转危为安，进而富贵，非常感念朱家的恩情。可是，朱家不肯再与季布相见。朱家施恩不图报的美名迅速在函谷关以东传开，赞叹之余，人们纷纷盼着能与他这样的侠士交朋友。

秦末汉初之际，侠士遍及全国，楚地以剑术著名的田仲，江淮之间的王孟，陈地的周庸……他们更像是一股无形的力量，左右着天下的民心。吴楚七国之乱时，太尉周亚夫在洛阳得到侠士剧孟，大喜过望，说道："七国叛乱而不求助于剧孟，我看他们成不了大事。"在周亚夫看来，剧孟的影响力不亚于一个诸侯国。

纠纷

布衣侠士动辄可以左右天下的民心，这是朝廷不愿看到的。渐渐地，皇帝起了杀心。

轵（zhǐ）县（今河南济源市轵城镇）人郭解（关于他的名字读音，史学界说法不一，目前三种读音 jiě、jiè、xiè 都可以）的父亲就是游侠，但是被汉文帝杀了。郭解本人身材矮小，精明强悍。年轻时的他残忍狠毒，就是个强盗：替人报仇，藏匿凶犯，私铸钱币，盗挖坟墓，做了很多不法之事。幸运的是，他总是能够化险为夷，身陷囹圄还能遇到朝廷大赦。随着年龄增长，逐渐成熟的郭解开始检点自己的行为，用恩惠来报答怨恨自己的人，懂得感恩和施舍，他已经由盗向侠转变了。

郭解姐姐的儿子仗着侠士舅舅的威名忘乎所以，同别人喝酒时总是强迫别人喝酒。一次，他对一个酒量小的人强行灌酒。对方怒而拔刀刺死了他，然后逃跑了。郭解的姐姐将儿子的尸体丢弃在道旁，故意不埋葬，想羞辱弟弟进而逼他出来为自己的儿子报仇。郭解派人暗中查到凶手的去处。凶手无奈，主动回来，战战兢兢地说明了真实情况。郭解说："我们家的孩子无理，你杀他情有可原。"于是放了凶手，自己将外甥收尸埋葬。这件事后，大家都称赞郭解的义举，更多人来依附他。

洛阳城中有一对仇家，本地十多位贤达出面都没法调解。在门客的请求下，郭解深夜前往调解。出于对大侠郭解的尊重，两家愿意和好。郭解却说："我听说洛阳诸公为你们调解，你们不肯接受。现在我一个外乡人怎么好让本地父老没有颜面呢？"于是他趁夜离开，并留下建议，"明天请洛阳的这些豪杰再来调解，你们就当面听从他们的意见吧。"悄悄地排忧解难，还替对方着想，为旁人留足面子，这好人好事真是做到位了。

凶手

公元前 127 年，朝廷要将富豪们迁到茂陵定居。郭解家贫，并不符合家资三百万以上的迁转标准，但是名单里偏偏就有郭解的名字。大将军卫青替他向汉武帝求情："郭解家中贫困，不符合迁移茂陵的标准。"汉武帝冷冷地说："一介布衣竟然能使大将军替他说话，足见他家不穷。”最终，郭解全家被迫迁往茂陵。前来送行的老乡给他集资了一大笔路费。

郭解同乡杨季主的儿子在县里当差，担心郭解势力太大，不好管理，于是向朝廷举报，要迁徙郭解一家。郭解的侄儿得知内情，便杀了杨季主的儿子，郭、杨两家结仇。

郭解迁到茂陵，人气依然很高，当地人都争着跟他结交。后来杨季主莫名被杀，杨家人进京告状，结果又被杀死在宫门前。汉武帝闻讯大怒，命官吏逮捕有嫌疑的郭解。郭解将母亲安置在夏阳，自己逃到临晋。他冒昧地去拜访当地的籍少公，请求他帮自己出关。虽然素昧平生，但是籍少公仰慕其大名，还是将郭解送出了关。

官吏一路追捕，顺着蛛丝马迹查到籍少公家。籍少公自杀，线索又断了。过了很久，官府才抓住郭解，彻查他的犯罪行为，发现郭解杀人都发生在朝廷赦令公布之前。也就是说，如果没有意外，郭解应该可以被无罪释放。

这一天，一位儒生陪前来查办郭解案件的官员在酒店闲坐，听到郭解的门客在一旁不停称赞郭解，便多了一句嘴：“郭解专爱作奸犯科，怎么能说是贤人呢？”结果门客一怒之下杀了儒生，然后逃跑了。官吏因此责问郭解，令他交出凶手，而郭解根本不知道杀人者是谁。此案后来成了无头案，官吏便向汉武帝报告本案调查结果，郭解无罪。

御史大夫公孙弘的一番话要了郭解的命：“郭解区区一介平民，却收养门客，玩弄权术，因为瞪一下眼这样的小事就要杀人，虽然他不知情，但这比他自己杀人还要严重。应当判他大逆不道之罪。”这正是皇帝的心结，于是郭解被灭族。

壮士

公元前204年，韩信大破齐国，齐王田广被杀，当时还是丞相的田横逃至梁地，投奔了彭越。刘邦建立汉朝，封彭越为梁王，田横害怕被杀，便带着五百名部下逃到海上的一座小岛。刘邦得知消息，便派使者赦免田横的罪责并召他入朝。田横辞谢说："我曾经烹杀陛下的使者郦食其（yì jī），现在他弟弟郦商在朝为官，我很害怕，不敢入京，请允许我在这海岛上做个平民百姓。"

得到使者的汇报，刘邦下诏给卫尉郦商："田横将要入京，谁要敢动他和他的随员，立即满门抄斩！"又派使者拿着符节将皇帝下诏给郦商的情形详细告知田横，并给出"最后通牒"："你若来京，大可封王，小可封侯；若不来，朝廷将派兵剿灭。"

海岛乃弹丸之地，自然抵挡不了朝廷的大军征伐。田横无奈，只得领着两个门客坐着驿车前往洛阳。这天行至离洛阳还有三十里的尸乡（又名西亳，今河南偃师西南新蔡镇）驿站。田横向汉使提出："作为人臣，拜见天子前应该沐浴一新。"一行人便住了下来。田横对两个门客说："当初我和汉王都是南面称孤的王，可现在他是天子，我是亡国奴，还要称臣侍奉他，耻辱啊！更何况我杀了郦商的兄长，现在还要与他同殿为官，难道不会羞愧

吗？皇帝召我入京，不过是要确认是否真的控制住我了。”他凄惨一笑，接着说，“现在你们割下我的头颅，快马飞奔三十里，我的容貌不会改变，皇帝还能看清我的模样。”说完，他拔剑自刎。

两个门客痛哭着手捧田横的头颅，跟随使者飞驰入朝。汉高祖刘邦见状，慨叹道：“哎呀！能有此言此行，真了不起！田氏以布衣起家，三个兄弟接连称王，这能不是贤人吗？”心腹大患已除，刘邦忍不住为老对手流下了眼泪。之后，他封田横这两个门客为都尉，派给他们两千名士卒，让他们以诸侯王的丧礼安葬田横。

田横入土为安，两个门客在墓旁又挖了一个坑洞，双双自刎，倒在洞中，追随田横而去。刘邦闻讯，大为吃惊。想到海岛上还有五百名和这两个门客一样忠勇的壮士，实在危险，他又派使者前往安抚，召他们入京。从使者口中得知田横已死，五百名门客集体自杀。这座海岛后来被人们称作“田横岛”。

脑洞大开

韩非子曾说“儒以文乱法，侠以武犯禁”。在韩非子看来，念书的儒生和执剑的侠士都是威胁朝廷的危险分子。相比之下，皇帝更担心侠士。因为侠士游离于正统秩序之外，他们言必行，行必果，诺必诚，敢于牺牲生命，救人于危难。他们仿佛是生活在民间的隐握大权者。当求助明君、清官都无法实现时，生活于苦难之中的百姓更愿意求助于侠士。

朱家可以救下罪臣季布，剧孟一人之力能抵上一个诸侯国，大将军竟然是郭解的“粉丝”……皇帝无论如何不能接受这些：除了皇帝的敕令，天下不能再有任何隐形号令！

天下归汉之际，摆在田横面前的只有两条路，或降，或死。田横从容镇定地选择了后者。坚守自我的他是真正的贵族。士为知己者死，田横的五百名壮士是真正的侠士。对于田横高尚的节操，对于宾客们随他赴死的义举，司马迁充满深情又不无遗憾地说：“我根据事实把他们的事迹记录下来了，但是非常可惜，当时没有善于绘画的人，没能把他们的容貌和业绩描画下来。”

两千多年后，画家徐悲鸿先生创作完成了巨幅油画《田横五百士》，再现了侠士的形象。

此后又过了几十年，武侠小说作家金庸先生创作出十余部经典武侠小说。书中人物郭靖这样解读“侠”的含义：侠之大者，为国为民。

侠义精神不死，光耀千年。

愤怒的霸王

“身长八尺余，力能扛（gāng）鼎，才气过人”，这是《史记》中对项羽形象的经典描述。相比出众的容貌，项羽的表情极度单调，只有一个——怒。三千余字的《项羽本纪》中，项羽像一只愤怒的小鸟，“怒”或“大怒”了七次。

一怒再怒

公元前 207 年，赵王歇被秦将王离率二十万大军围困在巨鹿城，不得不向楚怀王求救。楚怀王闻讯，派出两路人马，一路由宋义、项羽和范增率领北进巨鹿救援，另一路由沛公刘邦率领西进关中。楚怀王还与诸将约定，“先入定关中者王之（谁先进入函谷关平定关中，就让谁在关中为王）”。

当时秦军强大，诸将都不愿与秦军硬碰硬，所以并不认为先入关是好事。只有项羽为了给战死的叔叔项梁报仇，自告奋勇请求跟沛公一起入关。但是老将们纷纷向楚怀王建议：“项羽虽然

本文内容参考《史记·项羽本纪》。

勇猛，但是凶残暴虐。西进关中是去安抚受苦受难的百姓，不能派项羽去。沛公刘邦一向忠厚老实，可以派他去。”于是，楚怀王没有答应项羽，还是派刘邦领兵西进。

项羽跟随宋义北上救援赵王歇，将帅不合，项羽一怒之下杀了宋义，自领上将军。他率大军在巨鹿城外破釜沉舟，九战秦军，解了巨鹿之围。之后，他乘胜逼降了秦军最后的名将章邯。

当项羽领着胜利的军队到达函谷关时，发现城上竟然有士兵把守。一打听，原来沛公已入咸阳。回想这一路与秦军主力的死磕、与上司的矛盾、与诸侯的纠缠，项羽的心里窝着一团火，一触即发。于是太史公司马迁用了四个字描述："项羽大怒。"这大怒，怒的是刘邦捷足先登，怒的是上司宋义无能、耽搁时间，怒的是楚怀王当初不让自己和刘邦一路西进。于是他率军直接攻城，拿下函谷关，行进到戏水之西。

这时，刘邦手下的左司马曹无伤派人密报项羽："沛公想在关中称王，让秦王子婴为相国，将珍奇宝物都占为己有了。"听到这话，项羽又是大怒。这是入关之后，项羽第二次大怒。刘邦不杀秦王子婴是想收买人心，收集珍宝这是贪财，这些都说明刘邦真的想称王了。项羽当然不甘心，刚刚平息的怒火又被告密者曹无伤点着了。他当即下令："明日准备酒食，好好犒劳士卒，给我把沛公的部队一举击溃！"

后面的故事大家都很熟悉，鸿门宴上一场暗战，刘邦脱险。项羽引兵屠戮咸阳，杀秦王子婴，火烧咸阳宫，可怜的咸阳成了项羽的出气筒。

迁怒诸侯

项羽派人向楚怀王汇报破秦入关的情况，想让楚怀王封自己为王。不料楚怀王回复："按之前的约定办。"于是项羽给了怀王一个徒有虚名的尊号"义帝"，自立为西楚霸王，还一口气封了十八个诸侯王，俨然他就是天下的主宰。但是，这种重新分封并不公平。之后项羽派人在郴县截杀义帝，这激起了诸侯们的不满，不断有人起兵反叛。

齐国的田荣和赵国的陈馀率先发难，项羽只好率兵前往征剿。就在此时，原本西去蜀中的汉王刘邦任用韩信为大将，明修栈道，暗度陈仓，引兵重返关中，击败章邯、董翳（yì）、司马欣，平定三秦之地。听说刘邦即将挥师东进，前方又有齐、赵两国的叛军，项羽的心情可想而知。太史公司马迁再次写道："（项羽）大怒。"

项羽这次怒的是诸侯们不听从自己的安排，既有对田荣、陈馀背后捅刀的愤恨，更有对刘邦两面三刀的不胜其烦。愤怒归愤怒，问题还是要去解决的。于是他提拔吴县县令郑昌为韩王，让他抵挡汉军；又命萧公角迎击刘邦的帮手彭越，却被打败了。

这时，张良给项羽去信，说："汉王刘邦只是不甘心失去关中王的位置，所以要得到关中。如果能遵循之前怀王的约定允许汉王拥有关中之地，汉军将立即停下脚步，不敢东进。"同时，张良还把齐、赵两地反叛的书信送给项羽，告诉他，"齐国要跟赵国一起灭掉楚国。”

得到刘邦的“承诺”，了解了齐、赵两国的野心，项羽便放弃了西进的打算，一门心思向北攻打齐国。

正当项羽和齐军激战之时，刘邦领着五国诸侯的五十多万联军偷袭项羽的老巢彭城。项羽无奈，只得率三万精兵回师救援。彭城一战，项羽大败刘邦，一直追到荥阳。

虽然保住了彭城，瓦解了五国联军，但是项羽疲于奔命，顾了头顾不了尾，齐国最终实现了独立。

愤怒是魔鬼

荥阳城内粮草断绝，和刘邦长相相似的汉将纪信假扮刘邦乘车出东城诓骗楚军，刘邦得以带人从城西逃走。

很快，楚军攻下荥阳，活捉了留守的汉将周苛和枞公。项羽欣赏周苛，劝他道："跟着我做将军吧，我封你三万户侯。”周苛骂道："你赶快投降，汉王就要俘虏你了，你不是汉王的对手。”

一个败军之将还敢在这里大言不惭，项羽的反应自然又是大怒。项王很生气，后果很严重：烹杀了周苛，枞公也被杀。

项羽一生杀人无数，并且杀人方式极为残暴：

收降章邯之后，因为担心秦军士卒不听调遣，项羽命人连夜坑杀二十万秦军降卒；

进入咸阳城屠戮一空后，项羽准备东归。有人建议他留在关中称霸，项羽不听。对方仅嘟囔了一句“楚人沐猴而冠”，便被项羽扔进热锅里烹杀；

项羽攻打齐国时，所到之处，杀人无数，损毁城市房屋，活埋降卒，掳掠老弱妇女；

围困荥阳时，刘邦乘乱出逃，假扮刘邦的汉将纪信被项羽抓住后，活活被烧死……

任凭项羽英雄盖世，嗜血好杀却是他的致命短板。多行不义必自毙，未来他一定会为自己犯下的罪孽负全责。

苍白的愤怒

汉王刘邦逃至成皋，项羽率兵包围，刘邦再度出逃。彭越等多路援军袭扰楚军，刘邦得以复夺成皋。生猛的项羽摆平刘邦的援军后，回头再寻刘邦，双方隔着广武涧开始对峙。

几个月下来，楚军的粮草供给出现了问题，项羽急于让刘邦出战，想到了被自己俘虏的刘邦的老父。他让人做了一张高腿案板，把刘太公放在上面，抬到阵前向刘邦喊话：“如果你不赶快投降，我就把太公煮了！”

项羽满心以为自己打出了一张王牌，刘邦一定会哭着喊着投降。可是他想错了。

只见刘邦呵呵一笑，说道："当初我和你作为臣子一起接受怀王的命令，曾相约结为兄弟。这样算来，我老子就是你老子。如果你一定要煮了你老子，那希望你能分我一杯肉汤。"

仿佛一个大力士拼尽全力的一记重拳打到一块海绵上，力量瞬间化为乌有。除生气、懊恼外，项羽还能有其他表情吗？所以，司马迁写道："项王怒，欲杀之。"幸好旁边还有个冷静的项伯，一把拉住了项羽，劝道："夺天下的人是不顾家的。你杀了太公不会有什么好处，只会增加祸患。"项羽这才作罢。

两军继续对峙。不久，项羽撑不住了，又来挑战："天下纷乱多年，只是因为我们二人。我希望与汉王单挑，一决雌雄，再不要让百姓跟着白白受苦了。”——项羽想得挺好，想用自己擅长的格斗一举拿下刘邦。

刘邦笑着回绝：“我宁愿斗智，不能斗力。”——人家才不傻呢。

项羽的计划再次落空，于是派勇士出营挑战。对面汉军中的神射手张弓搭箭，连续射杀楚营挑战的勇士。

想交战，刘邦自己又不肯出来。他派神射手发暗箭，对项羽来说，这是公然挑衅。“项王大怒”，亲自披甲持戟出营挑战。神射手刚想张弓，只见项羽怒目圆睁，哇哇怪叫，宛若天神降临。这气势太强大了！神射手吓得不敢正视，转身逃回营中，再不敢出来。

项羽在营外挑战，刘邦就躲在营内，一桩桩列举项羽的罪状。这简直就是火上浇油，于是“项王怒”，非要跟刘邦决一死战。刘邦就站在营内，跟他打嘴仗。这时，楚营埋伏的弓弩手发射弓弩射中刘邦的胸口。刘邦真是一个好演员，灵机一动，俯身按住脚大叫：“贼子射中我的脚趾了！”他忍着剧痛，稳定了军心。

真正的对决，靠的是智力和能力的结合，而不是愤怒。没有智商的愤怒除了动静大之外，苍白又无力。

荒谬的愤怒

汉军大将韩信大败齐、赵两国后，斩杀了项羽的爱将龙且（jū）。项羽害怕了，派人游说韩信，希望他联楚背汉，与楚、汉三分天下。韩信不听。项羽无奈，留下人马，要他们谨守成皋十五天，等自己东征彭越回来会合。

项羽向东攻打外黄（今河南民权西北），用了好几天时间才迫使对方开城投降。因此"项王怒"，急性子的他命令城中十五岁以上男子全部集中到城东，又要实施惨无人道的活埋。幸亏城中一个十三岁的孩子劝说项羽："活埋城中男子，百姓哪还会有归附之心？"项羽这才放弃了实施荒谬的想法。

喜怒形于色，不能有效管理自己的情绪，甚至还不如十三岁的孩子懂得如何获取民心，被刀剑和鲜血弄得失去理智的项羽注定要走向失败。

成皋那边，楚军没能扛住汉军的挑战，擅自出击，大败。项羽闻讯回师救援。此时的他腹背受敌，粮草不继，只得与刘邦签订盟约，以鸿沟为界，中分天下。

之后，项羽引兵东归。刘邦却撕毁和约，引兵追击项羽。固陵一战，项羽小胜。随后刘邦联合韩信、彭越、英布多路大军七十万人，将项羽的十万疲惫之师围于垓下（今安徽灵璧）。

最后的表情

入夜，汉军十面埋伏之中传来了幽幽的楚歌，"项王乃大惊"。兵败如山倒的他已经没有气力愤怒，他第一次感到了惊恐："难道汉军已经完全占领楚地了吗？”面对美人虞姬和宝马乌骓，项羽“泣数行下”，我们第一次看到了霸王的眼泪。

项羽奋力突围至乌江边仅存二十八骑。乌江亭长停岸等候：“大王快快渡江。”项羽“笑”了——这是我们唯一一次看到他笑，只不过这笑不是欢笑，而是惨笑。项羽笑着谢绝了乌江亭长的好意：“天要亡我，我还渡江做什么？”

项羽回想这一路的征战，当年八千江东子弟与他一起满怀信心地渡江西征，如今百战归来，只剩他一人穷途末路，他还有什么脸面回江东面对父老兄弟?！当所有人都背叛他，都想杀死他的时候，素不相识的乌江亭长还想着搭救自己，这让项羽格外感动。但是他已心如死灰，没有生还的念头。对于亭长的好意，他能做什么呢？笑一笑吧，尽管这笑又苦又悲。自刎之前，他把心爱的乌骓马送给了亭长，原来铁汉也有柔情的一面。

脑洞大开

《项羽本纪》开头说，项羽小时候，学文不行，放弃了；学武，又不成。叔叔项梁“怒之”。这是传记中第一次出现“怒”，只不过项羽不是怒的主角，而是怒的对象。都说“三岁看老”，幼年时学习三心二意、缺乏恒心的毛病恰恰造成了后来项羽刚愎自用、暴躁嗜血的性格。

回顾项羽的一生，他一怒再怒，遇事总是用最粗暴、最简单的方式来解决，这使他一步一步失去人心，失去天下，直至失去生命。更可悲的是，项羽至死不承认失败是自己的原因，而是认为“天之亡我”。如果少一些愤怒，多一些冷静，少一些残暴，多一些理性，项羽的人生际遇会不会不同？

成语典故

沐猴而冠：猕猴戴帽子，比喻人面兽心，虚有其表。常用来讽刺依靠权贵，窃取名利的人。

一决雌雄：形容比个高低、上下。雌雄，比喻高低、胜负。

张耳与陈餘：好朋友？呵呵

熬得了贫贱，却耐不过富贵，友谊的小船在名利场中触礁失事。张耳与陈餘便是如此。

一对知名搭档

年轻时，张耳曾经做过魏国信陵君魏无忌的门客。之后因故被消除名籍，逃到外黄。当地一个富家女因为丈夫平庸，私自离家投奔父亲旧时的宾客。这位宾客平素就了解张耳的才智，便建议这个富家女一定要嫁给张耳。

迎娶富家女后，张耳的人生时来运转。他不仅过上了衣食无忧的生活，还广交天下宾客。慕名前来拜访的人中有一人对他格外仰慕，常常在张耳家一住便是数月，他叫刘季，后来改名刘邦。还有一个年轻人像对父亲一样尊敬张耳，他便是陈餘。张耳、陈餘建立起了断头不悔的患难情谊。之后张耳还做了外黄的县令。

本文内容参考《史记·张耳陈餘列传》。

秦灭六国之后，得知张耳、陈餘是魏国的知名搭档，秦王便悬赏重金拘捕他们。他们不得不更名改姓逃到陈地，做看门的小卒维持生计。一次，陈餘因为小过失遭到官吏鞭打，正欲反抗，一旁的张耳赶紧踩了他一脚，示意他不要轻举妄动。官吏走后，张耳责备陈餘："当初我是怎么对你说的？如今遭受一点点委屈，你就想死在这个小官手上吗？"陈餘不得不佩服大哥的远见。

不久，陈胜、吴广在大泽乡起义，打到陈地时，起义军扩充到数万人。张耳、陈餘便来求见陈胜。陈胜也久闻他们的大名，几人相见自然非常高兴。

无奈的建议

陈地的有识之士纷纷劝说陈胜早早称王。张耳、陈餘认为，现在称王是在天下人面前显示自己的私心，建议陈胜派人拥立六国的后代，共同诛灭暴虐的秦王，至于称王之事，可以暂缓。但是，陈胜没有听从他们的意见，自立为王。

无奈之下，陈餘再向陈胜建议："大王的军队正在猛攻函谷关，来不及收复黄河以北地区。我熟悉赵国的情况，请求派一支人马奇袭赵地。"陈胜觉得有理，任命武臣为将军，张耳、陈餘二人为左右校尉，率三千人马北取赵地。

武臣的军队进军顺利，拿下赵地几十座城池，进驻邯郸。这时前方和后方传来两条消息：进攻关中的起义军在戏水遭遇惨败；陈胜不纳忠言，滥杀功臣。张耳和陈餘便规劝武臣道："为了赵地安定，也是为了自身安全，将军应该就地称王。"武臣采纳了他们的建议，自立为赵王，封陈餘为大将军，封张耳为右丞相。

此后，武臣听从陈餘的建议，派兵夺取燕地、常山、上党等地，以扩充自己的实力。不料这时发生将领叛变，武臣被杀。张耳收编武臣的残部五万余人，寻访到赵王的后代赵歇，在信都（今河北邢台）拥立他为赵王。

虽然大王陈胜和直属领导赵王歇都不算明主，但张耳和陈餘还是一如既往、尽职尽责地献计献策。

救还是不救

章邯率领秦军主力进入赵地，张耳自知不敌，便保护赵王歇向东逃，在巨鹿被秦将王离围困。陈餘收集了常山的残余部队数万人，驻扎在巨鹿城北。城中粮尽，兵力不足，张耳自然派人向陈餘求援。

偏偏陈餘按兵不动，眼睁睁看着张耳的军队在城中忍饥挨饿几个月。

张耳愤怒了，派使者前往质问陈餘："当初你我结为生死之交，如今赵王和我的性命危在旦夕，你拥兵数万，不肯相救，这同生共死的交情在哪里？如果你信守诺言，为什么不和秦军决一死战？何况还有一两成取胜的希望。”

陈餘不慌不忙给出了自己的理由：“城南有章邯二十万秦军主力，围城的是王离的二十万长城军，我手头只有几万残兵。我考虑如果进兵，不但救不了你们，还会白白赔上我的这点儿人马。况且我不去送死，是为了将来替赵王和张先生报仇。如果现在去同归于尽，如同把肉送给饥饿的猛虎，有什么意义呢？”

两名使者对陈餘在大战面前表现出的过分理性非常不解：“事态紧急，必须靠同归于尽来证明您和张丞相的信诺，哪里顾得上后面的事！”

陈餘点头说：“我死不足惜，只是毫无意义。二位不信，我出兵就是了。”他拨了五千人马由两位使者率领进攻秦军大营，不久便全军覆没。

此时，收到求助信的燕、齐、楚等国援兵都赶到前线，张耳的儿子张敖也收聚了代地的万余残兵，驻扎在陈餘营旁。这些援军仿佛被陈餘传染，都在一旁做看客，无人出击。最终楚国的项羽率军截断章邯构筑的为王离运输粮草的甬道，切断王离军队的粮草供应，击溃秦军，解了巨鹿之围。

友谊破裂

走出巨鹿城的张耳劈头盖脸责备陈餘不肯救赵，并追问两名使者的下落。陈餘同样很恼火："你手下的两个人以同归于尽来威逼我，我只好让他们带着五千人马进攻，结果全军覆没，无一生还。"正在气头上的张耳根本不信，认为是陈餘杀了使者，继续追问。陈餘不耐烦地说："没想到您对我的怨恨如此之深！"他解下挂在腰间的印信，扔给张耳，"这个大将军的职务，我不干了！"

陈餘突然撂挑子，张耳对此毫无准备，不知该如何是好。陈餘一甩袖子去了厕所。张耳的宾客赶紧提醒道："陈将军辞官，这是天意，切不可违背，您赶紧接受。"张耳于是佩带上陈餘的大将

军印信，接收了他的军队。

等陈馀回来，发现张耳根本不跟他客气，直接收缴了他的兵权。多年的感情在生死和权力面前竟然脆弱得不堪一击。于是他一跺脚出了大营，带着几百个亲信隐入湖泽打鱼捕猎去了。

名扬天下，让人羡慕的张耳与陈馀友谊的小船说翻就翻了。

围城之际，感性的张耳埋怨陈馀见死不救，理性的陈馀不愿白白送命。被困城中数月的张耳求救心切可以理解，城外的陈馀无所作为则应该被追责。他完全可以组织各国援军，实施更有效的解救。只有五万人马的项羽后来救赵成功，我们只能说，要么是陈馀不愿救，要么是陈馀能力不够，在救赵的问题上，陈馀负全责。

解围之后，如果陈馀主动承认错误，也许友谊的裂痕还能修补。但是面对张耳一连串的质问，陈馀把自己五千人马的损失归咎于张耳的两个使者的固执，这当然又是他的不对了。理屈词穷的陈馀决定以退为进，提出辞职，希望张耳也能退一步，双方达成谅解。盛怒之下的张耳不再顾及昔日的兄弟情分，直接收了陈馀的兵权。弄巧成拙的陈馀只得选择出走。张耳、陈馀已成陌路。

你死我活

项羽入关中之后，大封诸侯王，将原先赵国的土地进行分割，封张耳为常山王。这时不少陈馀从前的宾客替他邀功："陈馀和张耳同样对赵国有功。”项羽听说陈餘现在在南皮，便把周边三个县封给他，赐他侯爵，又将赵王歇迁到代县，改封代王。原先的赵国等于一分为三，由常山王张耳、代王赵歇和陈餘共同管理。对此，陈餘觉得很不爽，说道：“张耳和我功劳相等，他封王，我封侯，这不公平。”

等到齐国叛楚之时，陈餘派人联络齐王田荣，希望借助齐国的势力打击张耳。齐王派兵支援陈餘，共同打败张耳，收复了原先赵国的土地，并把代王赵歇接回来，重新做赵王。赵王歇自然感激，陈餘又成了赵王歇的重臣。

战败的张耳则投到汉王刘邦麾（huī）下，刘邦对曾经的偶像张耳礼遇有加。

公元前205年，刘邦派使者通知赵国共同讨伐楚国。陈餘给出一个条件：只要杀死张耳，赵国便从命。刘邦无奈，找来一个酷似张耳的人杀了，把人头送给陈餘，这才换来赵国的发兵。纸包不住火，不久陈餘觉察张耳没死。此时汉王在彭城又被项羽击败，于是陈餘又背叛了汉王。

第二年，张耳随韩信进攻赵国，井陉一战大破赵军，兵败的陈餘和赵王歇均被追杀。之后，韩信为张耳向刘邦讨封了赵王。两年后，张耳逝世。那一年，楚汉之争结束。张耳、陈餘的恩怨纠葛也随之成为历史。

脑洞大开

回顾张耳、陈餘的友情，开始得义薄云天，结束得鸡零狗碎，特别是友谊的小船说翻就翻之际，两个人俨然就是蝇营狗苟的势利小人。贫贱艰难之际，他们坦诚相待，患难与共。可是成为诸侯卿相之后，二人的内心不再纯粹，计较的便是权力、地盘、名利……

年幼一些的陈餘私心可能更重。也因此巨鹿之战时他的犹豫和任性，埋葬了两个人的友谊。之后项羽大封诸侯王一事再次刺激了陈餘，因妒生恨的他遂把张耳当成生死仇敌。

陈餘的步步紧逼，使得张耳也不再心存善念。几番较量过后，陈餘死于张耳之手。

那么，张耳、陈餘之间有过真正的友谊吗？至少在外黄、在陈地，年轻的他们曾是惺惺相惜的豪侠壮士。忽然令人想起清朝初年词人纳兰性德的那句经典词句：人生若只如初见。张耳和陈餘的故事，前半段暖心，后半段虐心。如果要看，点开前半段就够了。

父子俩的死局

汉朝初年，周勃平定诸吕之乱，拥立代王刘恒登基；周亚夫率军平定吴楚七国之乱，维护朝廷安定。父子两代人在维护大汉政权稳定的紧要关头，居功甚伟。可是，他们在政治生涯的晚期都锒铛入狱，周亚夫更是在狱中绝食而亡。两代功臣缘何落得同样的悲惨结局？曾经辉煌的他们步入了怎样的人生死局？

熬出头

在汉高祖刘邦灿若星辰的开国功臣当中，周勃的才智并不算出众，所以一直到汉朝初年，他始终属于“二线明星”。因此，周勃也平安躲过了汉高祖的猜忌和屠戮。刘邦临终前为后代皇帝考虑人才梯队时，周勃才进入他的视野。

“重厚少文”是刘邦对周勃的评语，翻译过来就是：持重敦厚，缺少文饰。在刘邦眼里，周勃是一个没有心眼儿的厚道人，同

本文内容参考《史记·绛侯周勃世家》。

时也是一个容易管理的粗人，所以他断定“然安刘者必勃也”，意思是将来如果发生变乱，能帮助刘氏安定天下的一定是周勃。

吕后也觉得周勃这样的武人比较好管理，故而按照刘邦的安排，任命周勃为太尉。惠帝在位、吕后当权的那些年里，周勃安分守己地做太平官。吕后病逝后，周勃与丞相陈平秘密谋划，果断出手，夺取兵权，擒杀吕氏一党，迎立代王刘恒回京登基，是为汉文帝。

周勃没有辜负刘邦的期望，在事关刘氏政权生死存亡的危急时刻，救了皇家，救了汉朝。汉文帝即位后重赏有功之臣，周勃居首功，被任命为右丞相，赐金五千斤（当时的“金”为铜），食邑一万户。

莫嚣张

多年来默默无闻，如今位极人臣，在政坛熬出头的周勃自然志得意满。每天上朝时健步如飞，下朝时连皇帝都恭恭敬敬地亲自送他出门。大臣袁盎看不下去了，问汉文帝：“陛下认为丞相绛侯是个什么样的人？”汉文帝回答：“社稷重臣。”

“绛侯是功臣，而不是社稷重臣。社稷重臣是能与皇上生死与共的人。当年吕氏掌权时，刘氏天下微如丝带，几乎断绝，绛侯身为太尉，却不能匡正。等到吕后去世，大臣们共同反吕，太尉手握兵权，才顺势而为而已。所以他算不得社稷重臣。”袁盎劝谏汉文帝，“丞相态度傲慢，陛下却谦虚退让，这显然违背了君臣之礼，臣以为这样的做法不可取。”

汉文帝觉得袁盎的建议有理，之后在朝堂上逐渐威严起来，周勃这才收敛狂妄的态度，敬畏起皇帝来。

这件事并未收录在《史记·绛侯周勃世家》中，而是记录在《史记·袁盎晁错列传》的开头。从中我们可以隐约感受到汉文帝登基之初，周勃的傲慢与嚣张。

这时有人劝说周勃："您现在受厚赏、处尊位，这样受宠，时间久了，恐怕会有灾祸降临。”周勃害怕了，于是交出丞相大印，主动请辞。汉文帝也不挽留，批准了他的请求。

一年多之后，丞相陈平去世，汉文帝又请周勃出山任丞相。二任丞相的周勃学会了低调。但也只过了十来个月，汉文帝把他找来，说："前些天我下令让列侯都返回自己的封地，可有些人到现在还没走。丞相是我器重的人，您带个头吧。”周勃明白，这是汉文帝让自己卸任了。他只好乖乖地辞去丞相一职，回到封地。

被谋反

从位高权重的丞相一下子变成无职无权的空壳侯爷，周勃的心理落差可想而知。同时，他更害怕汉文帝会收拾自己。于是，每当河东郡守和郡尉巡视来到绛县时，周勃总会如临大敌，全副武装地领着自己的家丁去见地方官。这样的举动反倒让郡守、郡尉有了警觉，认为绛侯心中有鬼。不久，便有人上书汉文帝，举报周勃谋反。汉文帝闻奏，立即将此事转交廷尉处理。廷尉又下发给长安负责刑狱的官员。于是，周勃被逮捕入狱。

面对狱吏穷凶极恶的审讯，周勃吓得不知该如何应对。家里人拿出千金送给狱吏，请求善待周勃。狱吏这才改变了态度，并在一块木简的背后写了几个字交给周勃的亲属："请公主出来做证。"周勃长子周胜之的妻子便是汉文帝的女儿，让她出来证明公公没有谋反肯定是最有效果的。可是狱吏不知道，周胜之与公主一直感情不和，找公主做证这条路行不通。

还得靠自己的人脉。周勃平常结交薄太后的弟弟薄昭，将汉文帝加封给自己的赏赐全都给了薄昭。眼见周勃下狱，薄昭没有袖手旁观。等到案子审理进行到关键时刻，薄昭进宫见姐姐为周勃说情，薄太后也认为老臣周勃绝不可能谋反。汉文帝去问安时，老太后气呼呼地抓起一块头巾扔过去，说："当年绛侯手持皇帝的符节到北军大营夺取吕禄兵权时，他不谋反。如今无职无权待在一个小县城里，反倒要叛乱了？"汉文帝此时已经看过周勃的供词，知道是诬告，便向母亲道歉："案子已经查证清楚，很快就会放他出去了。"

不久，周勃被赦免，原有的爵位和食邑也被恢复。出狱之际，周勃颇有两度为人之感："我好歹也曾是领兵百万的大将，可哪里知道狱吏的尊贵啊！"

心有余悸的他回到绛县，谨小慎微地度过了余生。

相士的预言

周亚夫是周勃的次子，在几个兄弟中最为贤能。据说周亚夫在做河内郡守的时候，著名的女相士许负给他相面，说道："三年后您会被封侯，再过八年后被封将军和丞相，位尊权重。可是再过九年，您会饿死。"周亚夫不以为然地说："我哥哥已经继承了父亲的爵位，成为绛侯。即便他死了，也是他儿子接替，会有我什么事呢？并且如果真像你说的那样，我将来位极人臣，又怎么会饿死呢？"

三年后，周胜之犯杀人罪，封地被废。皇帝念及周家的功劳，任命周亚夫为条侯，继承父亲周勃绛侯的爵位——果真让许负说中了。

公元前 154 年，吴楚七国之乱爆发。周亚夫升任太尉，领兵平定叛乱。又过了几年，周亚夫被任命为丞相，得到汉景帝的器重——还是跟许负说的一模一样。

当人生到达巅峰之时，一定要学会急流勇退，至少也得低调做人。这一点，父亲周勃没有做到，周亚夫同样没有做到。于是，在汉景帝眼前红得发紫的周亚夫开始跟好运说再见了。

汉景帝想废了太子刘荣，周亚夫坚决反对。汉景帝很生气，开始疏远他。而在平定吴楚七国之乱的战争中，周亚夫与汉景帝的弟弟梁王结下了仇怨，所以梁王每次入京朝见，都会在母亲窦太后面前数落周亚夫。接下来发生的两件事让他彻底丢官罢职。

丢了官职

一天，窦太后请汉景帝册封皇后的哥哥王信为侯。汉景帝以先帝当初没有直接封窦太后的亲戚窦彭祖和窦广国为侯这件事加以拒绝。太后不答应，汉景帝只好说要跟丞相商议。他找来了周亚夫，一说此事，周亚夫当场搬出高祖皇帝当年的白马盟誓："非刘氏不得王，非有功不得侯。不如约，天下共击之。"以王信没有功劳这条硬杠，坚决反对给他封侯。这件事就这样不了了之。周亚夫不知道，他无形中得罪了皇后，也得罪了太后。王皇后的哥哥不能封侯，她自然对周亚夫不满。而窦太后之所以鼓动汉景帝封王信为侯，是因为想借此来为窦氏子弟讨要侯爵。王信不能封侯，太后的想法也落空了，当然更加记恨周亚夫。

之后匈奴王唯徐卢等五人前来投降，汉景帝非常高兴，想给他们封侯以鼓励更多匈奴人来降。可是周亚夫又唱反调："那几个人背叛君主投降陛下，如果封侯，将来如何处罚那些不守节操的臣子？"这次汉景帝没有理睬他，执意将这几个人全部封为列侯。周亚夫觉得很失落，便请了病假。之后，汉景帝就以生病为

由免了周亚夫的丞相一职。

不久，汉景帝在宫中召见周亚夫，并赏赐他酒食。令周亚夫不解的是，盘子里放了一大块没有切开的肉，还没有筷子。周亚夫心中不快，扭头叫侍从拿筷子来。汉景帝在一旁冷笑道："难道这些还不能满足你吗？"周亚夫听出了汉景帝的话外之音，意思是，我已经给了你高官厚禄，你为什么总是跟我意见相左？周亚夫无奈，只好忍气向汉景帝请罪。接下来，这酒喝得就非常尴尬了。汉景帝站起身，像是要去上厕所。没想到周亚夫竟然跟着站起身，快步离开了。望着他的背影，汉景帝缓缓吐出一句意味深长的话："哼，这样一个遇到一点儿小事就不高兴的人，怎么能辅佐少主呢？”

同样被谋反

过了一些日子，周亚夫的儿子看父亲年老多病，就偷偷从专做皇家用品的官署那里买了五百件盔甲、盾牌，准备将来给父亲陪葬。把这些物件搬到府中非常辛苦，可是儿子却没给搬运的人工钱，这些人一怒之下向官府举报周亚夫的儿子私自购进盔甲、武器意图谋反，周亚夫当然也受到牵连。

接下来上演了多年以前周亚夫的父亲周勃被举报时一样的情形。汉景帝命相关官吏查办此事。办案的官员叫来周亚夫问话，周亚夫拒不回答。汉景帝听说之后，又说了一句意味深长的话："吾不用也。"

这句宾语空缺的话，至少可以有三种理解。第一种是汉景帝对这个审不出口供的官员说的：你问不出口供，我不用你了，我要换人来审；第二种是汉景帝对办理此案的所有官员说的：我不用周亚夫了，你们不要有负担，放手去审这位前丞相；第三种是汉景帝对周亚夫说的：你说不说话都不重要了，我不需要你的口供，照样可以办你。不管哪种理解，反正这次周亚夫是在劫难逃了。

汉景帝下令将周亚夫交给廷尉审理。廷尉单刀直入地问道：

"君侯想造反吗？"

面对廷尉这样的高级官员，周亚夫开口了："我儿子买的东西都是给我殉葬用的，怎么能说是要造反呢？"

廷尉顺势说了一句让周亚夫无法辩驳的话："君侯纵使不在地上造反，到了地下也还是要反吧？"这句话让我们联想到后世岳飞遭遇的"莫须有"罪名。

周亚夫彻底绝望。此前被逮捕时他就想自杀，被夫人死死拦住。现在他知道自己百口莫辩，与其后面遭受折磨，屈打成招，不如一死了之。于是他绝食五日，吐血而亡——还是应了当初许负所说，他是饿死的。

脑洞大开

关于周勃、周亚夫父子的遭遇，人们既同情又不解，不明白汉文帝、汉景帝这对父子皇帝缘何要为难这对功臣父子。

我们必须转换一下思路，从帝王权谋的角度来分析汉文帝和汉景帝的心理。周勃平定诸吕之乱，拥立新君，这是再造社稷的大功。被他扶上帝位的汉文帝对他是敬畏多于感激。他害怕大权在握的周勃哪天会突然把自己从龙椅上拽下来。而且从丞相趾高气扬的做派来看，完全有这种可能。大臣袁盎提醒汉文帝不能骄纵周勃，看来绝大多数臣子和百姓都认为周勃权倾天下，汉文帝下定决心，必须立即拿下这颗定时炸弹。

周亚夫的功劳一点儿不比他父亲小，三个月内平定吴楚七国之乱，同样是力挽狂澜，于危难之中挽救社稷。而他的固执与嚣张比他父亲要严重得多。他屡屡与汉景帝意见相左，甚至以休病假相要挟。汉景帝的治国才干不如汉文帝，可是修理臣子的手段却比他父皇要强得多。汉景帝只用一大块肉就逼得周亚夫耐不住性子，接下来他又抓住一件小事穷追猛打，将周亚夫置于死地。

所以，周勃、周亚夫父子都是栽在功高震主的问题上。他们的功劳越大，表现越突出，对皇帝来说，都不是好消息，而是危险信号。这是专制帝国的通病。独裁的皇帝害怕忠臣，害怕能臣，害怕他们的影响力超越自己，影响自己的皇权。后世的岳飞等人也是走进了这个政治的死局。至于周勃、周亚夫被安上的“谋反”的罪名，尽管在明眼人看来可笑至极，但是欲加之罪，何患无辞？皇帝要惩治某个人，还需要理由吗？

自作自受的淮南王

如果用一句话来总结西汉初年淮南王刘长和刘安父子的人生，非“自作自受”莫属。

刘长的任性

刘长是汉高祖刘邦的小儿子，自幼丧母，在吕后身边长大。刘邦平定淮南王英布叛乱之后，立刘长为淮南王，掌管四郡封地。刘长天生神力，力能扛鼎。如果他生在乱世、长在民间，也许能成为第二个项羽，可是天下太平，他又是龙子龙孙，于是养成了骄横跋扈的性子，经常干违法乱纪的事。

汉文帝初年，刘长入朝参拜，态度极为傲慢。跟随汉文帝打猎时，他同汉文帝同乘一辆车驾，还直呼汉文帝“大哥”。幸运的是，他的皇帝哥哥刘恒宅心仁厚，对弟弟的过失睁一只眼闭一只眼。正是由于刘恒的纵容，刘长愈发骄纵，在封地不按国家的法令行事，自立一套制度，日常行为处处模仿天子。

本文内容参考《史记·淮南衡山列传》。

此后，他命人勾结匈奴、闽越这些异族首领，计划在谷口县谋反起事。朝廷察觉此事，将具体执行者绳之以法，并召刘长入京。经过调查，以丞相为首的一干重臣列举出刘长许多图谋不轨的证据，建议汉文帝对他依法治罪。

汉文帝回复："朕不忍心制裁淮南王，交列侯与二千石（dàn）官员（俸禄为二千石的官员）商议吧。"

四十三位列侯和二千石官员经过讨论，一致认定刘长不遵法度，图谋不轨，建议依法制裁刘长。

汉文帝批示："朕于心不忍，还是赦免他的死罪，废了他的王位吧。"

于是，大臣们给出处理意见：将刘长贬去蜀郡，但允许他的老婆孩子随行。

汉文帝在圣旨上又加了一条：每日定量供给刘长食肉五斤，酒二斗——这待遇哪是犯罪，简直是公款旅游。显然，汉文帝只是想让刘长去边远山区吃点儿苦，收敛下性子，然后再召他回来。

偏偏刘长还觉得自己委屈，在西行途中他不停地抱怨道："谁说我是勇猛之人？我哪里还能勇猛？我因为骄纵觉察不到自己的过失，才陷入眼前的困境。人生在世，怎能如此郁闷？"车队行至雍县时，绝食多日的刘长已经死亡。消息传回长安，汉文帝伤心得大哭。这时大臣袁盎建议："皇上娇宠淮南王，不为他安排宽厚长者加以劝导，才落得杀弟的骂名。现在只要斩了丞相、御史这些查办淮南王的官员，向天下人谢罪便可。"

为了替皇帝正名，竟然要杀丞相等人，袁盎的建议实在是昏着儿。汉文帝没有听从，但是把责任全怪到押送刘长的三十多名差人身上，说他们没有及时劝阻刘长绝食，导致淮南王死亡，所以判这些人全部弃市问斩。要知道，按照汉朝法律，被判处在闹市区斩首，一般是罪大恶极者。这三十多名差人究竟犯了哪门子大罪？自己作死不够，临了还拉上一群无辜的差人，刘长的任性真是前无古人。

十年之后，汉文帝想起弟弟刘长的荒唐事，觉得他很可怜，便将淮南国一分为三，立他的三个儿子刘安为淮南王、刘勃为衡山王、刘赐为庐江王。

文化小常识

汉朝的官秩

秦汉时期，官员的等级称为秩，西汉的官秩约二十级，以“石”进行区分，以斛计算各级的俸禄米谷。官员俸禄的发放有时是钱谷均发，后期全部折为钱。当时一石为一百二十斤，而西汉时的一斤约为现在的二百五十八克，这样算下来，当时的一石约为现在的六十二斤。二千石官员是郡守一级的高级官员。

刘安的筹划

虽然是皇族子弟，但刘安骨子里是个文艺青年，不爱飞鹰走狗，只爱读书弹琴。在封国的治理上他也有自己的一套，很得民

心。但是他还有一个不为人知的秘密：想反叛朝廷。这一点应该是他爹刘长遗传给他的。

汉景帝初年，爆发了刘姓皇族的吴楚七国之乱，可中间却没有淮南国。这是怎么回事呢？不是刘安不想造反，而是因为他当时才二十五岁，没有统兵经验，就让自己的国相调动军队策应吴楚七国造反。刘安的国相是个明白人，得到兵权后没有按刘安的意思行事，而是据守淮南，抵挡叛军。这下倒救了刘安。没多久，吴楚七国之乱被平定，刘安成了拥护朝廷平叛的功臣。

汉武帝即位之初，刘安入朝。太尉田蚡是他的旧交，对他说："皇上没有太子，大王最贤明，又是高祖的孙子，一旦皇帝晏驾，不是大王继位，还能是谁呢？"田蚡这几句话一下子撩起了刘安那颗躁动的谋逆之心，他开始暗中结交宾客，安抚百姓，为将来起事做起了准备。

四年后，一颗彗星出现在天空。有人又鼓动刘安："先前吴王起兵时，彗星仅数尺长，战争就打得流血千里。现在彗星长至天际，这岂不是天下大乱的前奏啊！"刘安心想："如果天下大乱，这些诸侯王都会争夺王位，我必须加紧准备兵器，积聚物资，招贤纳士。"刘安想要谋反的心思已成公开的秘密，各种投机分子都跑来阿谀奉承，刘安愈发飘飘然了。

此外，刘安还把自己的爱女刘陵派到长安，结交皇帝亲近的达官显贵，以便刺探朝中动态。

儿子惹的祸

刘安的太子刘迁学了几天剑术，自以为天下无双，便叫来郎中雷被(pī)较量。剑术精湛的雷被一出手就知道这孩子的剑术稀松平常，只好一再退让。偏偏刘迁不知好歹，步步紧逼，雷被一不留神，失手刺中了他。气急败坏的刘迁在父亲面前说了许多雷被的坏话，刘安便罢免了雷被的官职。雷被于是逃到长安，向朝廷申诉冤屈。

汉武帝命人审理此事，有关部门要逮捕刘迁到河南郡府衙受审。刘安当然不愿让儿子成为犯罪嫌疑人，就想趁机谋反。可是他又没有把握，犹豫了十多天不能定夺。这时，汉武帝又下诏，在淮南国就地传讯刘迁。

就在此时，淮南国国相就寿春县丞擅自扣下刘迁的逮捕令一事进行弹劾。刘安请国相不要追究此事，耿直的国相不听。刘安便派人上书朝廷控告国相，皇帝也将此事交给相关部门审理，审来审去竟然牵连到淮南王。刘安安排在朝廷的眼线反馈说，大臣们请求逮捕淮南王治罪。刘安害怕了。

惹事的刘迁这时建议："如果朝廷派人来逮捕父亲，我们就杀掉使者，举兵起事。"刘安依计做好了准备。

不料前来的使者态度温和，刘安便没有发作。使者回朝复命，最终给出的处理意见是赦免淮南王的罪过，削夺其两个县的封地。刘安不但不感恩，反倒认为这是在羞辱他，谋反的念头更甚。

孙子的举报

刘安年纪最大的儿子不是嫡出，而是庶出（小妾所生），名字挺有趣，叫刘不害。刘安不喜欢他，王后和太子刘迁也不把刘不害放在眼里。刘不害的儿子刘建才高负气，暗中结交人才，想告发太子，让父亲取而代之。太子刘迁得知此事，便将侄儿刘建拘禁起来严刑拷打。

这个刘建不简单，早有准备。他的好友庄芷见他被拘，急忙上书皇帝，举报刘迁迫害刘不害、刘建父子之事，请求皇帝召刘建问讯，特别说明刘建尽知淮南王的秘密。

朝廷再度命河南郡官员审理此事。刘建被提审，将淮南王太子及其朋党全部供出。刘不害的儿子刘建这次算是把爷爷给害了。

刘建供词中牵连出淮南王太子刘迁的事已经被呈报给朝廷，汉武帝派廷尉监前往淮南，趁拜见淮南国中尉（负责国都地区纠察、治安的高级官员）之机逮捕刘迁。

刘安和刘迁恐怕国相与二千石大臣（郡守级官员）不听命令，密谋召集他们入宫想先处决掉他们，然后起兵造反。结果命令发出，只有国相来了，内史外出公干，中尉则在迎接朝廷的廷尉监。刘安一看只杀一个国相，益处不大，便临时放弃计划，放走了国相。大事临头，刘安却左思右思，定不下行动计策。

刘迁认为参与此次密谋的人都已死光，朝廷抓不到活口，便对父亲说:“现在时机不成熟,仓促发兵恐怕不会成功,臣甘愿前往廷尉处受捕。”无计可施的刘安心中也打起了退堂鼓,就答应了刘迁的请求。

一转脸,刘迁又不想接受审判了,于是拔剑自刎。怪事在他身上又发生了——不知道是害怕还是其他原因,他竟然自杀未遂。

更要命的是,刘安手下一个重要官员伍被已经独自前往有关部门,主动交代自己参与淮南王谋反一事,将谋反详情全盘供出。

执法官吏因此逮捕太子、王后,包围王宫,将参与谋反的淮南王的宾客全部抓捕,还搜出谋反的器具,然后呈报朝廷。汉武帝将此案交由公卿大臣审理,牵出的列侯、官员、地方豪强有数千人,这些人一律被处死。

众臣一致认定,淮南王刘安大逆不道,谋反罪行明白无疑,应当诛杀不赦。朝廷还应当公开他的罪行,让天下人懂得为臣之道。

汉武帝派人前往淮南审判刘安,行至半路,刘安已经自刎身亡。王后、太子刘迁和所有参与谋反的人被族诛。同时朝廷宣布淮南国废为九江郡。

脑洞大开

刘长、刘安父子的谋反之事不过是两出闹剧。从汉文帝到汉景帝,再到汉武帝,每一任皇帝对他们的骄横都是听之任之,恃宠而骄的他们更加肆意妄为。殊不知，皇帝们深谙“将欲取之，必姑与之”的道理，一步一步诱使他们就犯，最终将其一网打尽。

刘长四肢发达，头脑简单，他的谋反毫无技术含量可言。而文艺青年刘安是典型的“秀才造反，十年不成”，思前想后，犹豫不决，儿子惹祸，孙子告发，最终身死国除。

西汉初年的诸侯国问题一直是皇帝们的心头大患。从吴楚七国之乱到推恩令，几代皇帝在摸索中才找到了最佳解决方案。淮南国只是诸多诸侯国中的一个，两代国主的表现使得他们的案例更有典型意义。

顺便说一句，抛开王爷身份，刘安还是西汉著名的文学家、古琴演奏家。他撰写的《离骚传》是中国最早对屈原及其作品《离骚》做出高度评价的著作。他召集人员编写的《淮南子》（又称《淮南鸿烈》）是中国思想史上划时代的学术巨著。他还是世界上最早尝试热气球升空的实践者，也是中国豆腐的发明者。如果没有一颗爱折腾的浮躁之心，不知道刘安的人生会不会是另一番景象。

当太皇太后的侄儿遇上太后的弟弟

汉文帝的皇后窦皇后有个堂侄叫窦婴。窦皇后生了汉景帝，汉景帝的皇后王皇后的同母异父的弟弟叫田蚡。王皇后生了个儿子叫刘彻，也就是后来的汉武帝。汉武帝执政前期，窦婴与田蚡你争我斗，一个是太皇太后的侄儿，一个是太后的弟弟，年轻的汉武帝是如何应对的呢？

另类的外戚

窦婴的姑妈窦太后生了一女二男：馆陶长公主刘嫖、汉景帝刘启和梁孝王刘武。窦太后最喜欢小儿子梁王刘武。一次刘武入朝，汉景帝摆了一桌家宴，喝到高兴时，汉景帝随口对刘武说：“将来朕千秋万岁之后，传位给你。”当时，汉景帝还没有立太子，所以窦太后非常高兴。

没想到，太后的侄儿窦婴在一旁端起酒杯，借着向汉景帝敬

本文内容参考《史记·魏其武安侯列传》。

酒，大加劝阻。窦太后很不高兴。窦婴知道得罪了姑妈，便借口有病辞官了。太后于是去除了窦婴进出宫门的名籍。以后每逢节日，窦婴连进宫朝见的资格都没了。

不久，吴楚七国之乱爆发。皇族、外戚当中能够担当平叛重任的只有窦婴，汉景帝召他进宫，委任他为大将军。国家有难，窦婴不再推辞，并举荐了袁盎、栾布等贤臣。汉景帝赏赐的千金，窦婴分文不纳，全部摆在走廊上，属下军官经过时，让他们根据所需自行领取。举贤用能，上下一心，七国之乱很快被平定，窦婴被封为魏其（jī）侯。

次年，汉景帝立栗太子，窦婴任太傅。几年后，栗太子被废，太傅窦婴争辩无果，再次以有病为由辞官，隐居蓝田。手下宾客以家族利害进行劝说，窦婴才返回朝中。尽管当时丞相之位空缺，但是汉景帝认为窦婴骄傲自满，草率轻浮，难当丞相大任。

田蚡上位

窦婴做大将军时，王皇后的弟弟田蚡还只是一个普通的郎官。去窦婴家陪侍宴饮时，田蚡表现得非常谦卑。到了汉景帝晚年，长相丑陋，但是能言善辩的田蚡逐渐受到宠信。汉武帝登基后，王太后摄政，田蚡获封武安侯。

刚刚掌权的田蚡还有更大的目标：当丞相。他谦卑地结交名士、举荐贤才，希望借此压倒窦婴这些当权派。当时，丞相等重要岗位空缺，汉武帝正在酝酿新的人选。门客籍福劝田蚡说："魏其侯显贵已经很久了，您刚刚发迹，不能和他相比。就算皇上任命您做丞相，也一定要让给魏其侯。魏其侯当了丞相，您一定会当太尉。太尉和丞相同样尊贵，您还落得一个'让贤'的美名。"田蚡觉得有理，就请姐姐王太后暗示汉武帝，汉武帝果真就任命窦婴为丞相，田蚡为太尉。

籍福又跑去向窦婴道贺，并提醒他："您的天性是喜欢好人，憎恨坏人。当今好人称赞您，所以您当上了丞相，然而您也憎恨坏人，坏人相当多，他们也会毁谤您。如果您能并容好人和坏人，那么您的相位就可以长久；否则马上就会因为受到毁谤而被撤职。"但是，窦婴没有听进他的劝告。

窦婴和田蚡都是儒家学说的推崇者，而窦太皇太后喜好黄老学说，双方矛盾很深。最终窦太皇太后罢免了众多崇尚儒家学说的官员，窦婴和田蚡也在其中。虽然没了官职，但是因为王太后的缘故，田蚡还是受到汉武帝的关照，多次参与政事议论。于是，趋炎附势的官吏和士人都远离窦婴，转投田蚡。不久，窦太皇太后去世，朝廷高层大换血，田蚡升任丞相。

皇帝年轻，田蚡仗着外戚的身份骄横跋扈，穷奢极欲。而窦婴则愈发被皇帝疏远，朝臣、宾客甚至对他懈怠傲慢。只有一个人依旧厚待他，这就是灌夫。

灌夫一怒

灌夫的父亲张孟曾是汉初名臣灌婴的家臣，因感念灌婴的提携，改姓灌。吴楚七国之乱时，灌孟、灌夫父子同时应征从军。灌孟战死沙场，按规定，灌夫应当护送父亲的灵柩回家。但是，他坚决要留在战场杀敌报父仇。他带着十多人冲入叛军阵中，斩杀数十人，只有他一人生还，负伤十余处。灌夫的英勇得到太尉周亚夫的赏识，得胜还朝后，灌夫获封中郎将。

尽管名扬天下，但是灌夫性格刚强，爱憎分明，所以仕途并不顺利。做中郎将没多久，他便因犯法丢了官。之后，他再度为官，可因为醉酒后打了窦太皇太后的兄弟窦甫，被调离京城。几年后，他再次因犯法而丢官，回到长安的家中。

同是官场失意人，同是性格耿直的汉子，窦婴想依靠灌夫报复那些背弃自己的人，灌夫则希望依靠窦婴结交列侯贵族以抬高自己的身份，于是二人互相借重，引为知己。

原本窦婴、田蚡之间相安无事，但是灌夫因为一件小事，搅出了大麻烦。

灌夫在服丧期间去丞相府拜访田蚡。田蚡知道他与窦婴关系密切，便随口说："我想和你一起去拜访魏其侯，但是你现在服丧，不便前往。"灌夫是个热心肠，说，："您既然愿意屈驾光临魏其侯府，我怎敢因为服丧而推辞呢？我马上就去让魏其侯准备酒宴，您明天早点儿光临。"

灌夫随后去魏其侯府通知，窦婴夫妇闻讯，也觉得这是一个拉近与田蚡的关系的好机会，于是命人买酒买肉，连夜打扫庭院，准备酒宴。忙了一夜，天刚亮，窦婴就命家人到宅前伺候。可是等到中午，还不见田蚡的人影。

灌夫不耐烦了，驾车亲自去丞相府迎接。不料，田蚡还在睡觉。昨天他只不过是随口一说，根本没当回事。灌夫进门求见："您昨天答应拜访魏其侯，他们夫妇备办了酒食，从早晨到现在，都没敢吃一点儿东西。"

田蚡发现弄巧成拙了，连忙装作惊讶地道歉："我昨天喝醉了，忘记跟您说的话了。"灌夫随即催他出门。田蚡磨磨蹭蹭上了马车，一路上又是走走停停，一旁的灌夫更加生气。到了魏其侯府，宾主落座饮宴。灌夫喝醉了，站起来跳舞，一曲结束过来请

田蚡共舞，田蚡就是不起身。灌夫本就对田蚡这次的表现不满，于是不停地讽刺他。窦婴见状赶紧向田蚡致歉，扶灌夫下去醒酒。这顿酒喝得极其尴尬。

田蚡看中了窦婴在城南的田地，便派门客籍福去索要。窦婴当然不允。灌夫听说后，也大骂籍福。籍福怕窦婴与田蚡产生矛盾，便编了一套好话劝田蚡："魏其侯年事已高，就要死了，您还不能忍耐一下吗？暂且等等吧。"后来田蚡得知真相，更加恼恨灌夫和窦婴。

灌夫再怒

公元前131年，田蚡向汉武帝举报灌夫在颍川鱼肉百姓，请汉武帝查办，汉武帝准许田蚡调查。而灌夫同样厉害，了解到田蚡曾接受淮南王刘安的贿赂，参与谋逆之事。既然彼此都有把柄在对方手里，双方因此暂时达成和解。

那年夏天，田蚡娶已故燕王刘嘉的女儿，太后命列侯和宗室成员都去祝贺。窦婴拉着灌夫也去丞相府赴宴。新郎田蚡起身敬酒，宾客们纷纷离座伏在地上，表示不敢当。而当窦婴起身敬酒时，除他的几个老友起身外，多数人都只是微微欠身。灌夫看在眼里，十分不爽。

轮到他敬酒了，他走到田蚡面前，这位丞相照旧坐着，只是稍欠了一下身，说："我不能再喝了。"灌夫火了，强作嬉笑道："您是贵人，这杯酒必须干了！"田蚡没给他面子，没有喝完。

灌夫压着火一圈敬下来，敬到临汝侯灌贤时，对方正在跟程不识将军耳语，没注意到他。灌夫刚才的怒气正没处释放，便指着临汝侯大骂道："你平时把程不识诋毁得一钱不值，今天长辈我给你敬酒，你却装着跟程不识咬耳朵！"灌夫这一吵，惊动了四座。田蚡连忙走过来劝道："程将军与李广将军都是东西两宫的卫尉，现在你当众侮辱程将军，仲孺（灌夫的字），你难道不给你尊敬的李将军留点儿余地吗？"

眼见丞相发火，其他宾客都装着上厕所，散开了。窦婴也起身，挥手示意灌夫一起出去。但是田蚡今天不想草草了事，生气地说："都是我惯坏了你！"说完，他命人扣下了灌夫。籍福一看不妙，赶紧起身替灌夫道歉，并按着灌夫的脖子让他道歉。灌夫的倔脾气上来了，就是不道歉。

田蚡于是命家中的武士将灌夫绑起来，又叫来长史说："我今天请宗室宾客参加宴会，是有太后诏令的。"借着太后诏令这顶大帽子，田蚡弹劾灌夫在宴席上辱骂宾客，无视诏令，犯下"不敬"的大罪。接着，他命人追查灌夫之前的罪行，追捕灌家亲属，并判决杀头的死罪。窦婴赶紧出钱让人向田蚡求情，但是无济于事。灌夫被拘禁，家人或逃或藏，根本不可能去告发田蚡的秘事了。

东宫辩争

灌夫命在旦夕，窦婴不顾家人劝阻，私自上书向汉武帝解释。很快，汉武帝召他进宫，窦婴将当天灌夫醉酒失言的情形详细讲述了一遍，直言灌夫罪不至死。汉武帝同意他的看法，赏他一同进餐，并指示："去东宫公开辩论吧。"

在东宫，窦婴极力夸赞灌夫的优点，说他是酗酒获罪，希望保他一命。而田蚡则揪住灌夫骄横放纵的大逆不道之罪不放。窦婴说不过田蚡，便攻击他的短处：贪污受贿、声色犬马。田蚡也不回避："天下太平无事，我才得以成为皇上的心腹。我喜欢的不过是歌伎艺人、能工巧匠，不像魏其侯和灌夫，你们召集天下豪杰壮士，不分昼夜在一起密谋，总希望天下发生变故。我倒不明白你们究竟想要做什么？"

田蚡太厉害了！他承认自己沉溺于声色的缺点，同时引出窦婴、灌夫的所谓有为。对于皇帝来说，最怕的不是贪官受贿，而是有人谋反。田蚡一语直击皇帝的痛处，此时其实他已经赢了。

汉武帝不动声色地问群臣："他们俩谁说的对？"御史大夫韩安国很滑头，先肯定灌夫的战功，又表示赞同田蚡的猜测，最后又把皮球踢给汉武帝，请汉武帝裁决。第二个发言的是主爵都尉汲黯，他赞同窦婴的话。之后，内史郑当时也认为窦婴有理，但不敢坚持自己的意见去回答汉武帝，其余的人都默不作声。汉武帝于是怒斥郑当时："你平时多次评价魏其侯、武安侯的长处和短处。

今天却不敢说了，朕要杀了你们这些人。”说完，他一甩袖子，去见太后了。

太后的人早已把辩论详情做了汇告，老太太气得不吃不喝，说：“我还活着呢，别人就敢作践我弟弟。如果我死了，人家就要杀他了。再说皇帝怎么像个石头人一样没有主张呢？皇帝还在，这班大臣就随声附和，如果皇帝百年之后，朝堂之上还能相信谁？”汉武帝只好道歉：“都是皇室的外家，所以才在朝廷上辩论他们的事。不然，打发一个狱吏就解决了。”

与此同时，在宫外的散朝路上，田蚡责怪御史大夫韩安国说：“我和你共同对付窦婴这个老秃翁，你为什么首鼠两端，犹犹豫豫呢？”韩安国反过来批评他：“你们俩这样彼此对骂，实在是不识大体。”

之后，汉武帝派御史按照文簿记载的灌夫的罪行进行追查，发现与窦婴所说的有很多地方不符。这样的话，窦婴就犯了欺君之罪。于是，窦婴被弹劾，拘禁在特别监狱里。

当年汉景帝临终前，曾给过窦婴一道诏书，说：“假如遇到紧急情况，你可以随机应变，把你的意见直接呈报给皇帝。”现在，灌夫要被灭族，自己也被拘禁，情况万分危急，窦婴便让侄子上书汉武帝，报告自己曾接受先帝遗诏的事，希望再次得到汉武帝的召见。

汉武帝看到奏书，就命人查对宫中尚书保管的档案，结果没有查到。原来这道诏书只封藏在窦婴家中，是由窦婴的家臣盖印加封的。这就要命了，皇帝诏书一式两份才能证明有效，你家里有诏书，皇宫里却没有备份，这究竟是真是假呢？结果，窦婴又多了一条大罪：伪造先帝诏书，按律应判处斩首示众。

结局都很悲惨

那年十月，灌夫满门被杀。对窦婴的处理，汉武帝一直在犹豫，但是不断有关于窦婴的流言蜚语传来，最终在田蚡的怂恿下，汉武帝同意处决窦婴。十二月的最后一天，窦婴在闹市被斩首示众，家属还不得收尸。而转过天来便是春日，死刑犯都有可能被赦免。

春天到了，田蚡也病了，老是叫喊“我服罪”之类的话。于是家人请巫师来诊视。巫师说看见魏其侯和灌夫的鬼魂看着武安侯，要杀死他。（这当然是巫师迷信的说法。）不久，田蚡死了，他的儿子田恬承袭爵位。三年后，田恬犯不敬之罪，封爵被废。

又过了几年，淮南王刘安谋反一事被朝廷察觉，汉武帝命人追查此事。经查，公元前139年，淮南王来朝，时任太尉的田蚡主动迎接刘安，说了这样一段话：“皇上没有太子，大王最贤明，又是高祖的孙子，一旦皇帝晏驾，不是大王继位，还能是谁呢？”淮南王非常高兴，送给田蚡许多金银财物。

看到这段调查材料，汉武帝淡淡地说：“假使武安侯还活着，基本就该灭族了。”

脑洞大开

魏其侯窦婴是窦太皇太后的侄儿，他是在汉景帝时平定吴楚七国之乱之后得到重用的。武安侯田蚡是王太后的弟弟，他是因为小皇帝继位，王太后掌权才得以显贵，他没有超群的才干，汉武帝对他并无特殊感情。所以汉武帝当朝时，窦婴和田蚡不仅不是汉武帝的心腹，反而是欲除之而后快的眼中钉，只不过碍于太皇太后、太后的面子，汉武帝将他们暂时留在朝中，可惜他们（特别是田蚡）并未认清这一点。

灌夫在战场上很勇敢，这是他唯一的优点。离开战场，他身上便全是缺点。在“窦田之争”中，灌夫的任性粗暴使他处处给窦婴帮倒忙，两次酒后暴怒激化矛盾，最终害了自己，也连累了窦婴。

窦婴和田蚡斗来斗去，汉武帝冷眼旁观，时不时拉一下这个，拍一下那个，让几个人尽情表现。登基十二年后，窦婴、田蚡等人都死了，前朝外戚的后遗症基本消除，刘彻也真正坐稳了皇位。

成语典故

首鼠两端：形容在两者之间犹豫不决的样子。一般用于贬义。首鼠，也作“首施”，即踌躇。

张汤：冷酷到底

在百官眼中，张汤是最狠毒的酷吏；在皇帝眼中，张汤是最好使的刀剑；而在张汤自己眼中，他是最悲惨的背黑锅的人。

“审鼠”小儿

张汤小时候，做长安县丞的父亲有一次外出，让他在家看门。回来后发现家里的肉被老鼠偷吃了，父亲非常生气，用鞭子打了张汤。如果是一个普通孩子，莫名其妙挨顿打，只能自认倒霉，心里默默骂几句“该死的老鼠”！但张汤不一样，他要找出这桩家庭疑案的罪魁祸首。

他在屋子里仔细搜寻，找到了鼠洞的位置，又用工具掘开鼠洞，发现了犯罪分子——偷肉的老鼠，还有赃物——没吃完的肉。接下来，张汤自编自导了一场微型审讯。受害者张汤控告老鼠偷

本文内容参考《史记·酷吏列传》。

肉，执法者张汤对老鼠上刑，实施拷打审问，并根据审问过程留下问讯实录，之后将判决的罪状报告上级。面对犯罪分子的供认不讳和确凿的赃物，小法官张汤当堂定案，判处老鼠死刑。

一旁的父亲看呆了，常年办案的他没想到儿子竟然对司法程序如此熟悉，再拿过判决书一看，条理清晰、推理严密，仿佛出自一位老练的法官之手。惊讶之余，父亲开始教张汤学习书写断案的文书。父亲去世之后，张汤便做了一名长安吏。

很有心机的张汤

汉武帝的母亲王太后的弟弟田胜做九卿时，曾被拘禁在长安。当时张汤竭尽全力加以保护。不久，田胜出狱，还被封了侯，他没有忘记张汤的恩情，主动交结张汤，还把当朝权贵一一介绍给张汤。不久，张汤成为内史宁成的手下。因为表现出众，宁成又向上级官府推荐张汤，张汤升任茂陵尉，负责主持汉武帝陵墓的土建工程。

王太后的另一个弟弟，也就是张汤救下的田胜的兄弟田蚡做了丞相后，征召张汤做内史。田蚡看张汤做事干练，于是向汉武帝推荐他，张汤便升任御史，负责处理大案要案。在主持审理陈皇后巫蛊（gǔ）一案时，张汤深入追查相关同党，力度颇大。汉武帝在满意的同时认定张汤很有能力，又提拔他为太中大夫。

张汤和同僚赵禹共同制定了各种法律条文，务求严苛，同时制定“见知法”，使得官吏之间相互监视，相互检举。汉朝的法律自此愈发严厉。不久，赵禹升任中尉，又改任少府，张汤则当上了廷尉。两个春风得意的官场红人受到外界关注。对此，他俩的反应却完全不同。

赵禹为人廉洁、傲慢，家中没有门客。三公九卿来访，赵禹从不回访，务求断绝不必要的人际交往，专心处理公务。

张汤则要狡诈、圆滑许多。他做小官时，就喜欢以权谋私，与长安的富商交结。等做到九卿的高位，便广泛结交天下名流。尽管张汤表面上表现得非常仰慕这些人，实际上他在心里头并不认

可他们。

当时汉武帝正倾心儒家学说，张汤在判决大案时，就会主动附会儒家观点，并请博士弟子中研究《尚书》《春秋》的人补任廷尉史，让他们来评判法令当中有疑虑的地方。每次上报判决的疑难案件，张汤都会预先为汉武帝分析事件的原委。汉武帝认为对的，就接受并记录下来，作为判案的法规，以廷尉的名义加以公布，颂扬皇帝的圣明。如果奏事受到斥责，张汤便主动认错，顺着汉武帝的心意，举出手下属吏，说："他们本来向我建议过，就像陛下责备我一样，但是我没采纳，愚不可及。"于是，他的过错常常会被汉武帝宽恕。

皇帝身边的红人

张汤经手的案件，如果汉武帝想要加罪，便交给执法严苛的监史办理；如果汉武帝想宽恕，便交给执法较轻但公平的监史处理。张汤办案常常因人而异：如果涉案人是豪强，他就会玩弄法律条文，设计诬陷；如果涉案人是平民百姓，他则不看法律条文，直接向汉武帝陈述，请汉武帝裁定，结果往往是汉武帝听从他的意见从宽处理。

张汤虽然身居高位，但是非常注意处理人际关系。对于旧友的子弟，无论为官的，还是贫穷的，照顾得尤其周到。至于拜访公卿大夫，更是不避寒暑。因此，虽然他执法严苛、爱妒忌、处事不公，但是依然获得了好名声。

在处理淮南王、衡山王和江都王“三王谋反”的案件时，张汤穷追不舍，彻查到底。对于涉案的严助和伍被，汉武帝本想宽恕，张汤说：“伍被本是和淮南王一起策划谋反的同党，当然要严惩。严助是您身边的近臣，竟然私交诸侯，如不杀他，今后就不好管理臣下了。”汉武帝点头同意。之后张汤更受信任，升为御史大夫。

当时汉朝与匈奴连年征战，百姓贫苦，朝廷财政空虚。张汤奉汉武帝的旨意，铸造银钱和五铢钱，垄断盐铁的经营权，打击富商，发布告缗（mín）令（动员民众交税、揭发偷税漏税的法令），铲除豪强的势力，玩弄法律条文，巧言诬陷，以辅助法令的施行。

张汤每次上朝奏事，与汉武帝谈论国家的财务状况，常常谈到傍晚，汉武帝甚至忘记了吃饭。国家大事都听张汤的意见，丞相倒成了无事可做的闲人。张汤的工作成果如何呢？民不聊生，官府兴办的事业也无法获利，官吏们便想办法从中侵夺渔利，而张汤对此又会依法严惩。于是，从公卿以下的官员到平民百姓都视张汤为敌。可是在汉武帝眼中，张汤是能臣。他生病时，汉武帝曾亲自过府看望。

匈奴来朝请求和亲，群臣在朝廷商议此事。博士狄山赞同和亲，汉武帝问张汤的意见。张汤说：“愚蠢的儒生，无知。”狄山针锋相对：“我固然愚忠，像张大夫那样，却是诈忠。”

没等张汤说话，汉武帝已经变了脸色，绕开这个话题问狄山：“朕派你驻守一个郡，你能阻挡匈奴入境劫掠吗？”狄山回答：

“不能。”汉武帝问：“驻守一个县呢？”狄山仍回答：“不能。” 汉武帝再问：“一座边境城堡呢？”狄山明白，汉武帝这是在逼自己，如果还说不能，自己就要被下狱治罪了，只好硬着头皮说：“能。”于是狄山就被派去守卫边塞的一座城堡。一个多月后，匈奴派兵袭击城堡，狄山战死，被砍头。群臣大惊，一不敢再提同匈奴和亲的事，二不敢再跟张汤说“不”了。

酷吏的宿命

“人无千日好，花无百日红。”张汤做了七年御史大夫，然后就栽了。

御史中丞李文之前与张汤有旧怨，他每每从宫中文书中寻找可以制裁张汤的罪证。张汤的手下鲁谒居知道上司对李文很不满，便指使他人上奏影射李文有图谋不轨之事。汉武帝将这事交由张汤处理，于是李文被处以死刑。当然，张汤很清楚，这事是鲁谒居所为。后来鲁谒居患病住在同乡的家中，张汤亲自去探病，还替鲁谒居按摩双脚。

汉武帝的哥哥、赵王刘彭祖常常与朝廷派来主管赵国铁器铸造的官员打官司，张汤自然打压赵王，鲁谒居也曾检举过赵王。于是赵王开始调查张汤的个人隐私，一并上告二人：“张汤身为朝廷命官，手下鲁谒居有病，张汤竟然给他按摩双脚。我怀疑二人有什么不可告人的大阴谋。”此案交由廷尉处理，但是鲁谒居病死了，事情牵连到他弟弟，于是他弟弟被拘禁起来。恰巧张汤到官衙审理其他囚犯，看到了鲁谒居的弟弟，便想暗中帮他，但表面上装作不认识。

鲁谒居的弟弟不知道张汤的想法，以为对方不管自己，一怒之下就指使人上书告发张汤和鲁谒居合谋陷害李文的事。汉武帝将此案交由另一名酷吏减宣处理。减宣与张汤也有旧怨，于是一查到底，但是没有及时上报——他在等待合适的时机。偏偏这时有人偷挖了汉武帝的爷爷汉文帝陵园里的殉葬钱，丞相庄青翟便同张汤约定，上朝时一起向皇帝谢罪。可是临到御前，张汤改主意了，他觉得日常巡视陵园是丞相的责任，与自己无关，便没有谢罪。等丞相谢罪完，汉武帝派御史查办此事，张汤想按相关法律判丞相一个明知故纵的罪，庄青翟深感恐惧，他手下的三个长史都忌恨张汤，于是决定陷害张汤。

长史朱买臣是经好友严助推荐，得到汉武帝垂青的。当时张汤还在朱买臣手下听差。后来张汤做了廷尉，查办淮南王一案时牵出严助，并极力将其陷害致死，为此朱买臣恨上了张汤。此后，张汤仕途顺利，升至御史大夫，而朱买臣却是浮浮沉沉，被降为长史。当朱买臣去拜见张汤时，张府从上到下都对他十分轻慢。新仇旧恨相加，朱买臣起了杀心。另外两位长史王朝和边通都曾经比张汤官大，后来面见张汤时，都受过张汤的欺辱。

朱买臣、王朝和边通三人建议丞相庄青翟挖出张汤的不法隐私。他们派人逮捕、审讯了张汤的商人朋友田信等人，说张汤向汉武帝奏报提出的建议，田信事先都知道，因此可以囤积牟利，与张汤平分。他们把这件事同张汤的其他不法之事报给汉武帝。于是，汉武帝不动声色地对张汤说："朕有什么打算，商人事先都知道，加倍囤积货物，这好像是有人把朕的计划告诉了他们。"张汤听后，不但不谢罪，反而故作惊讶地说："肯定是有人这样做了。"

这边，酷吏减宣又上奏了鲁谒居一案的调查情况。汉武帝认定张汤心怀不轨，当面欺君，派使臣带着罪证材料以八项罪名审问张汤。张汤一一予以否认，表示不服。于是汉武帝又派赵禹主审。同为酷吏，赵禹见到张汤，单刀直入地说："唉，你还看不懂眼下的情形吗？你办案处死了多少人，如今人家对你的指控都有证据，皇上不好处理你的案子，想让你自行了断。你何必还要对簿公堂呢？"

一语点醒梦中人，张汤于是上疏谢罪："张汤没有尺寸之功，从文书小吏起家，因得到陛下的宠信才位列三公。我对于自己的罪过，没有什么可推卸的。然而阴谋陷害张汤的，是丞相府的三位长史。"随后，张汤自杀身亡。

张汤死时，家产总共不超过五百金，这些还都是俸禄和汉武帝的赏赐，并无其他产业。他的兄弟和儿子想厚葬他，他母亲却说："张汤是天子的大臣，遭受恶言诬告而死，何必厚葬？"最终家人只用牛车拉着棺材，将其草草埋葬。听说这些情况后，汉武帝感叹道："没有这样的母亲，生不出这样的儿子。"于是下令追查此案，将三名长史全部抓捕处死。丞相庄青翟被迫自杀。张汤的商人朋友田信被无罪释放，张汤的儿子张安世也被提拔了官职。

脑洞大开

所谓酷吏，执法严酷暴烈，麻木不仁。我们不能简单地用坏人、恶人来定义他们。《酷吏列传》当中介绍了汉武帝时期的十多个酷吏，张汤占的篇幅最大，几乎是其他人加在一起的总和之多。

张汤出身于官吏世家，天生就是断案的好苗子，进入官场之后，他很清楚自己的定位：皇帝身边最忠实的鹰犬、最锋利的刀剑。他没有真正的朋友，没有相知的同僚，只有一堆想要拉他下马、要他性命的仇敌。可他完全不在乎旁人的眼光，在官场最大恶人的道路上一直冷酷到底，因为他有最厉害的后台——皇帝。有了皇帝的支持，他便可以生杀予夺，为所欲为。但这些并不是没有限度。当他伤人太重、激起众怒之时，皇帝便抛弃他了。他不得不直面冷冰冰的现实，拿自己的性命去成全皇帝裁判是非的圣君形象。不知道自杀前的张汤是否后悔自己这一条道跑到黑的冷酷形象。当时，他唯一能做的就是点出谋害自己的凶手，让皇帝替自己申冤。

张汤很懂事，皇帝很满意。作为补偿，他的儿子升官了。酷吏很可怕吗？也许更可怜。

主要历史人物档案

郑庄公（前757—前701），姬姓，郑氏，名寤生，春秋时期郑国国君，公元前744年至公元前701年在位。不动声色地平定胞弟共叔段的叛乱，还敢跟周天子叫板，他让郑国在诸侯当中最先有了霸主的范儿。当然，历史上郑国的牛气仅此一回。

宋襄公（？—前637），子姓，宋氏，名兹甫，春秋时期宋国国君，公元前650年至公元前637年在位。在以刀剑服人的年代，他总想以德服人，结果他成了诸侯间的笑话，而实际上宋国从来就没有实现过称霸。

赵衰（？—前622），即赵成子，嬴姓，赵氏，亦称“成季”“孟子余”。春秋时期晋国大夫，晋献公时，从公子重耳（即晋文公）流亡在外十九年，并助重耳回国即位，是辅佐晋文公称霸的“五贤士”之一。做臣子，尽职尽责；做人，谦和礼让，所以人们说他是“冬日之日”，就像冬天的太阳带给人温暖。

赵盾（？—前602），嬴姓，赵氏，名盾，亦称“赵宣子”“赵孟”“宣孟”。春秋时期晋国执政，赵衰之子，杰出的政治家、战略指挥家。他像“夏日之日”，气势太过强大，照亮了晋国的霸业，也威胁到晋国的君权。

子路（前542—前480），仲氏，名由，字子路，亦字季路，春秋末鲁国卞（今山东泗水东南）人。孔子的大弟子，“孔门十哲”之一。性情刚直，好勇尚武，曾跟随孔子周游列国，后来做了卫国大夫孔悝的蒲邑宰，死于卫国内乱。

子贡（前520—前456），端木氏，名赐，春秋末卫国人。孔子弟子，“孔门十哲”之一，孔子曾称其为“瑚琏之器”。口才极好，长于外交，经商有道，堪称全才。

颜回（前521—前490），春秋末鲁国人，名回，字渊。孔子最得意的门生，“孔门七十二贤”之首，后世尊其为“复圣”。孔子对他从来都是夸赞、表扬。只可惜他英年早逝，孔子极悲恸。

白起（？—前257），亦称“公孙起”，战国时秦将，兵家代表人物，“战国四大名将”之首。他是战神，从军三十余年，攻城七十余座；他是屠夫，动辄杀人盈城；他很奋进，从士兵打拼到统帅；他很郁闷，为相国范雎所忌，被免去官职，谪迁阴密（今甘肃灵台西南），被迫自杀。

范雎（？—前255），字叔，魏国人，战国时秦相。在魏国，名叫范雎的他屡遭陷害，最终死里逃生。在秦国，改名张禄的他时来运转，呼风唤雨。他很有才，最先提出“远交近攻”的策略；他很小气，才有了“睚眦必报”的典故。

信陵君（？—前 243），即魏无忌，战国时期魏国贵族，“战国四公子”之一，战国时期著名的军事家、政治家。侠肝义胆的奇男子，急人之困的大丈夫，曾在军事上两度击败秦军，分别挽救赵国和魏国，但屡遭魏王猜忌而未能被委以重任。

吕不韦（？—前 235），姜姓，吕氏，战国末年卫国濮阳（今河南濮阳西南）人。关于他的故事很多，关于他的传闻更多，他跟秦庄襄王、秦国太后赵姬、秦王嬴政，多重利益关系交织，最终导致自己身败名裂。

韩非（约前 280—前 233），战国末韩国人，出身于韩国贵族。中国古代思想家、哲学家和散文家，法家思想集大成者。他的身上充满了矛盾：他来自实力最弱小的韩国，却提出了最严苛的法治思路；他口吃严重，却文采斐然；秦王嬴政是他的铁粉，秦国高官李斯是他的同学，他却死在了秦国。

李斯（？—前 208），秦朝政治家。楚国上蔡（今河南上蔡西南）人。他有才，助力嬴政统一六国，参与一系列政治、经济、文化制度的制定，奠定了中国两千多年专制帝制的基本格局。可是他无德又自私，最终落得身死族灭的下场。

秦始皇(前259—前210),即嬴政,亦称“赵政”。战国时期秦国国君、秦王朝的建立者。公元前247年至公元前210年在位。他开创了中国历史上的很多个“第一”:公元前221年,统一中国,建立了第一个中央集权的封建国家——秦朝;第一个使用“皇帝”称号,自称“始皇帝”;在中央实行三公九卿制,在地方实行郡县制,同时书同文,车同轨,统一度量衡;另一方面,他实行苛政,令百姓苦不堪言。最终他的帝国神话仅仅维持了十五年,但这些并不影响他奠定中国两千余年政治制度基本格局的贡献,所以我们称他为“千古一帝”。

赵高(?—前207),秦大臣。本为赵国人,后入秦宫,任中车府令,兼行符玺令事。秦始皇病逝沙丘时,密谋矫诏,拥立胡亥为帝。赵高开启了宦官专权、祸国殃民的恶性政治模式。此后这一模式在历代王朝反复上演,成为专制制度的一大顽疾。

楚义帝熊心(?—前206),芈姓,熊氏。楚怀王熊槐之后,秦末诸侯王之一。秦灭楚后,熊心隐匿民间替人牧羊。秦末项梁起兵后,找到熊心拥立其为楚怀王。他不甘心当傀儡,与实力派项羽的矛盾逐步公开化。最终无兵无权的熊心被项羽一脚踢开,“尊”为“义帝”,后被弑杀。

张耳(?—前202),西汉初年诸侯王,魏国大梁人。战国末期曾为信陵君门客,秦末与好友陈馀参加陈胜、吴广起义。项羽分封诸侯王时,被封为“常山王”。后与陈馀交恶,并遭其攻击,投附刘邦,参与楚汉之争。随韩信平定赵国,被封为赵王。

陈餘(？—前204),秦末大梁(今河南开封)人。曾与张耳是最好的朋友,共同参加反秦义军。巨鹿之战中,张耳与赵王歇被困,陈餘兵少不敢救援。巨鹿解围后,张耳与陈餘绝交。项羽分封诸侯王时,陈餘只被封侯,心有不满,联合齐王逼走张耳,复立赵歇为王。后张耳随韩信攻赵,陈餘兵败身死。

项羽(前232—前202),名籍,字羽。他是力能扛鼎的勇猛战神,他是刚愎自用的败军之将,他是自带传奇的风云人物,他是一言难尽的没落贵族,他的故事家喻户晓,对他的评说褒贬不一。两千多年过去了,人们还在追问:项羽是不是英雄?

韩王信(？—前196),西汉初年异姓诸侯王,战国时期韩襄王之孙,为避免与淮阴侯韩信混淆,史书多称其为韩王信。虽然顶着贵族的姓,可是这个韩信完全没有存在感。反秦大军中,他毫不起眼;汉朝建立后,他被支去守边关。一怒之下,他起兵反叛,被汉高祖率军击败,逃往匈奴。

周勃(？—前169),西汉初大臣。他不是能力最强的,却在关键时刻平定诸吕之乱;他不是最耀眼的明星,却懂得"曲线救国";他拥立新君即位,拜相封侯,却最终黯淡离场。

周亚夫(？—前143),西汉名将,周勃之子。他善于治军,但是不懂为官之道;他功勋卓著,却含冤入狱,绝食自尽;父子两代功臣,却是一样的性格,一样的宿命。

窦婴(？—前131),西汉大臣,字王孙,窦太后之侄。他虽然是外戚,可是他直率的性格致使当太后的姑母都不喜欢他。他与王太后的弟弟、丞相田蚡明争暗斗,偏偏帮手灌夫又是个只会使蛮力的粗人,最终他们成了外戚斗争的牺牲品。

田蚡(？—前131),西汉大臣,汉景帝王皇后同母弟弟,汉武帝登基后被重用,历任太尉、丞相。为人骄纵跋扈,设计害死灌夫、窦婴,自己随后病死。在这场外戚争斗中,他们其实都不是赢家。

刘安(前179—前122),西汉思想家、文学家,汉高祖刘邦之孙,淮南王刘长之子。他可以成为文学家,可以成为发明家,可以成为古琴演奏家,最差也能做一个庸碌的王爷,但偏偏跟他父亲一样,想要造反。野心大过天,手法又太业余,结果事情败露,只好自尽。

张汤(？—前115),西汉酷吏。他靠铁腕办案的方式受到汉武帝的赏识,也因为执法残酷,结怨太深。他颇受汉武帝宠信,却不明白自己不过是汉武帝手中的一把剑,伤人的是自己,最后背黑锅的也是自己。后受诬陷,被强令自杀。

后　记

明末文人张岱曾说过一个著名的段子：长夜漫漫，南方的一艘航船上，一个书生正天上一头、地上一脚地神吹海侃。周遭的旅客横七竖八，有的在打瞌睡，有的在发呆，还有的貌似在倾听。书生很陶醉，一旁缩手缩脚躺着的僧人忍不住了："请问相公，您刚才提到的澹台灭明是一个人，还是两个人？"

书生眨了眨眼睛，又瞅了瞅衣着朴素的僧人，故作镇定："是两个人。"

"哦——"僧人若有所思，"那再请问，您说的这等尧舜是一个人还是两个人？"

书生咽了口唾沫，翻了一个白眼："自然是一个人。"

僧人恹恹欲睡的眼睛闪过一丝亮光，他翻身坐起，张臂蹬腿伸了个大大的懒腰："这样说来，小僧可要伸伸脚，与你说道说道了。"

如果认真读过《史记》，也许这个书生就不会如此尴尬了。《史记·仲尼弟子列传》中明确记载，澹台灭明复姓澹台，是孔门七十二贤之一。因为长相丑陋，一开始并不被孔子看好。后来，他行事正派，收徒三百，在南方各国影响深远。孔子听说后，还为自己当初的以貌取人而感到后悔。

至于尧舜，自不必说，当然是上古的贤君唐尧、虞舜。

因为读书不求甚解，自以为是的书生竟然在区区一艘夜航船上“翻船”了。

看来,读书不难,可是读懂、读透不易。

当初出版社的编辑跟我约稿,聊起要做《史记》导读系列的创意时,我们便总结出了几条读史心得。

读史要细心。《项羽本纪》脍炙人口,太史公司马迁是如何让西楚霸王的形象深入人心的?在跌宕起伏的故事里,我们看到项羽很容易被激怒。司马迁先后七次写项羽怒或大怒。聪明的你注意到了吗?

读史要多思。对比阅读《赵世家》《晋世家》,我们发现“赵氏孤儿”的事件和人物前后矛盾,语焉不详,真的就是一个故事。那么太史公缘何要将这个虚构的故事放进严谨的《史记》呢?也许我们应该从道德层面来寻找答案。

读史要有侦探的缜密思维。赵国长平惨败的“黑锅”确定就要由赵括背吗?如果赵国不换将,还是由廉颇坐镇,战局能扭转吗?综合研读《秦本纪》《赵世家》《白起王翦列传》和《廉颇蔺相如列传》,你会有新的收获。

读史还要有探险家的好奇。倡导胡服骑射的赵武灵王和千古一帝秦始皇嬴政都死于沙丘。这只是巧合吗?对照阅读《赵世家》和《秦本纪》,我们发现继承人选择难题才是终结二人的致命一刀。可他们缘何躲不过这道死结?

通俗点说,读史是要开动脑筋的。面对史书,检索你的个人知识资料库,激活你的想象力,然后尽你所能进行联想,补充更多有创意、有个性、有见地的新鲜内容,于是穿越三千年时空隧道的你看到了旁人未见的吉光片羽。

感谢安徽少年儿童出版社的各位编辑老师，感谢你们慧眼识珠，让我的文字有了如此精彩的呈现。

感谢我的家人，你们是我日常创作的加油站。

更要感谢曾经与我交流、给我指导的老师、朋友和广大读者，是你们让我的知识盲区越来越少。

毛泽东在《贺新郎·读史》里感慨：“一篇读罢头飞雪，但记得斑斑点点，几行陈迹。”与大家一同读罢《史记》，我倒想起他的另一首词作《清平乐·会昌》：“踏遍青山人未老，风景这边独好。”

是以为后记。

朱首彦

2021年6月23日